GREGOR FAUBEL

BAU! MEISTER

HANDMADE WITH POWER

STARKE PROJEKTE FÜR ECHTE MÄNNER

INHALT

EINE PHILOSOPHIE
VOM ERSCHAFFEN UND BAUEN

Es gab eine Zeit, da habe ich mich über meinen besten Freund lustig gemacht, wenn er mir erzählte, dass er am liebsten an verregneten Tagen vor seinem Werkstattofen sitze und Schrauben sortiere. Mittlerweile liegt das einige Jahre zurück, und die meisten von uns finden sich nach der Studienzeit in veränderten Lebensumständen wieder. Oft scheint es dann so, dass neben Job und Familie für derartig »nutzlose« Beschäftigungen gar kein Platz, keine Zeit mehr bleibt.

SCHAFFENSKRAFT

Doch der Schein trügt. Denn so kopfschüttelnd ich damals auch auf das Sortieren von Schrauben reagierte, ist mir heute umso mehr klar, worin damals wie heute eine Erfüllung beim Bauen, Schrauben, Sägen und Schleifen liegt: Es ist die reine physische Tätigkeit, aus deren Ergebnis unser Umfeld verändert wird. Die Folgen, die Resultate unseres Handels können wir unmittelbar sehen, begreifen, benützen: Den wir haben etwas erschaffen.

HANDWERK IST BAUKUNST

Je mehr wir uns einer Tätigkeit widmen, desto mehr Verknüpfungen stellt unser Gehirn zu allem, was damit zu hat, her. Wir werden besser, sammeln Erfahrung, verfeinern unsere Technik, und nach vielen Stunden der Übung werden wir vom Lehrling zum Meister, vom Könner zum Künstler. Es ist ein bisschen wie Laufen lernen, irgendwann denken wir gar nicht mehr darüber nach, wir tun es einfach. Und genauso, wie sich nach dem Laufenlernen der Entdeckertrieb entwickelt, entwickeln wir mit den erlernten Fähigkeiten neue Ideen, diese anzuwenden. Wir werden kreativ!

Doch wie kreativ werden? Ist das nicht eine besondere Begabung? Grundsätzlich ist jeder Mensch kreativ. Manche von uns sind vielleicht ein wenig aus der Übung oder noch nicht so gut trainiert, aber die »Gabe« der Kreativität ist tatsächlich für jeden erlernbar, weil uns allen das Potenzial dazu in die Wiege gelegt wurde. Wie? Ein großer Teil gründet auf »Achtsamkeit«, und das erfordert in erster Linie Zeit. Heutzutage ein knappes Gut. Aber die sollten wir uns unbedingt nehmen. Mit dem vielgebrauchten Begriff Achtsamkeit haben Sie in einem Bauprojektebuch wahrscheinlich gar nicht gerechnet, aber er ist eben kein leerer Modebegriff der Wellnessindustrie, sondern bezieht sich auf etwas, was uns alle geschlechter- und generationenübergreifend zufriedener macht: Durch Achtsamkeit, die Konzentration auf eine Tätigkeit, entdecken wir wieder, was alles in uns steckt.

VOM GLÜCK, ETWAS ZU BAUEN

So gesehen ist Handwerkern ein wenig wie Yoga, nur mit anderen Werkzeugen und Ergebnissen. Die bewusst ausgeführten Körperhaltungen bringen uns zu innerer Ruhe und körperlicher Fitness. Ein Bauprojekt erfolgreich umzusetzen sorgt für innere Ruhe und handwerkliche wie kreative Fitness! Etwas zu bauen erfordert genau die Art von Achtsamkeit, die es auch braucht, um kreativ zu werden. Material spüren, Werkzeug richtig benutzen, Ordnung im Kopf schaffen und mit Bedacht und Ruhe an Projekten arbeiten wirkt sich im richtigen Maße aus, wie eine tiefe Meditation mit anschließendem Erfolgserlebnis. Wir schaffen damit auch eine tiefe emotionale Bindung, die dazu führt, Selbstgebautes anders zu behandeln als etwas Gekauftes.

wir nicht gerade in einem kreativen oder handwerklichen Beruf arbeiten, heutzutage eher
selten befriedigt. Mit zunehmender Erfahrung
merken wir außerdem schnell, dass wir unsere
Traumprojekte, die es so sicher nicht zu kaufen
gibt, maßgeschneidert entwickeln und perfekt
auf unsere Bedürfnisse abgestimmt selbst an-
fertigen können.

Die Projekte in meinem Buch sollen in erster
Linie eine Bandbreite an Inspiration schaffen,
die dazu anregt, Dinge brauchbar und nachhal-
tig umzusetzen. Die Ordnungshelfer, Möbel,
Küchen- und Baraccessoires sowie die Garten-
projekte haben wir Schritt für Schritt mit vielen
Bildern und Plänen erklärt, sodass sie einfach
nachgebaut werden können.

Hinter dem Nutzen der Bauprojekte hat mich
beim Schreiben dieses Buches aber noch ein
höheres Ziel inspiriert: Die dabei verwendeten
Materialen und die vermittelten Techniken sind
Grundlage für die Kunst zu bauen: Deshalb wün-
sche ich Ihnen von Herzen, dass Sie, wenn Sie
Ihre Favoriten nachgebaut haben, Ihr neu ent-
decktes Können weiternutzen und selbst kreativ
werden: Denn Kunst kommt von Können.

Ihr Gregor Faubel

Wenn wir uns also nützliche oder auch einfach
nur schöne Dinge selber bauen und gestalten,
egal ob große aus Holz, Beton oder Metall wie
die im Buch, oder »femininere« Projekte aus
Papier oder Stoff, kommen wir Komponenten
unserer Natur wieder näher, die wir inmitten
unserer von vielfältigen Verpflichtungen, Erfolgs-
und Zeitdruck geprägten Lebenswelt gerne mal
aus den Augen verlieren. Wirklich selber machen
müssen wir eigentlich nichts, es gibt ja fast alles
zu kaufen. Oft auch (auf den ersten Blick) billi-
ger, (anfangs) auch besser, schneller sowieso.
Aber sicher nicht schöner, erfüllender. Weil selber etwas zu bauen einfach Spaß macht. Denn
das belebt und fördert unseren natürlichen
Drang, etwas zu erschaffen. Und der wird, wenn

GRUND WISSEN

BEVOR ES MIT DEN BAUPROJEKTEN RICHTIG PRAKTISCH WIRD, WERDEN AUF DEN FOLGENDEN SEITEN DIE WICHTIGSTEN WERKZEUGE UND TECHNIKEN VORGESTELLT.

DAS MATERIAL

Das Material für die Bauprojekte bekommt man in der Regel im örtlichen Baumarkt. Den Zuschnitt-Service dort sollte man unbedingt zu nutzen wissen. Zusätzliche Bauteile wie Altmetall oder die Schlagzeugbox findet man am besten auf Recyclinghöfen, Flohmärkten oder im Internet.

GROSSE HOLZPLATTEN, SCHWERES GERÄT …

… findet man im Baumarkt: Der Zuschnitt in Baumärkten ist für die Bearbeitung großer Holzplatten meistens sehr gut ausgestattet. Zudem gibt es Abteilungen zum Verleih von Werkzeugen mit entsprechender Beratung und Sachkenntnis. Das Personal ist üblicherweise vom Fach und hilft gern weiter.

Die Pläne und Materiallisten im Buch kann man sich alle bequem per QR-Code aufs Smartphone laden oder ausdrucken und dann passgenau zuschneiden lassen. Erkundigen Sie sich, ob Gehrungsschnitte angeboten werden.

AUS BESONDEREM HOLZ GESCHNITZT …

… dürfen Ihre Projekte selbstverständlich sein. Für die Projekte im Buch kann man meist auch andere Holzarten verwenden. Wir haben mit Sperrholz- und MDF-Platten gearbeitet. Wenn Sie aber Lust haben auf einen Couchtisch aus Eiche oder Buche, werden Sie nach Lust und Laune kreativ. Solange die Plattenstärke derjenigen der von uns verwendeten Materialien entspricht, ist alles möglich. Material von hoher Qualität bekommen Sie im Holzhandel. Wer dort stöbert, findet hier und da sicher ein schönes Stück.

HEAVY METAL UND MEHR …

… findet man auf Schrottplätzen und Recyclinghöfen, Flohmärkten oder im Internet. Natürlich treibt auch mich die Neugier immer wieder dorthin. Kleinere Metallabfälle eignen sich bestens zur Weiterverwertung beispielsweise als Flaschen-

öffner (S. 97) oder Briefbeschwerer (S. 85). Eine ausrangierte Biertisch-Garnitur bekommt auf Seite 107 einen neuen Bezug. Bevor man sich jedoch am örtlichen Wertstoffhof auf Schatzsuche macht, ist dringend zu empfehlen, das Personal zu informieren: Je nach Kommune ist die Mitnahme von »Abfällen« nicht gestattet und kann daher zu Ärger führen.

WAS MAN NOCH PLANEN MUSS

Neben dem Material, also dem WAS, ist eines der wichtigsten Themen beim Bau von Projekten die Organisation. Ideal ist deshalb eine kleine Checkliste, die die wichtigsten Eckpunkte aufführt. Dazu gehören in der Regel die bekannten W-Fragen. WIE, WO, WANN und WER?

DAS WIE ...

... wird in diesem Buch denke ich ganz gut erklärt. Wer sich an die Anleitungen hält, kann eigentlich gar nichts falsch machen.

DAS WO ...

Die meisten Projekte benötigen schon etwas Platz zum Entwickeln und Bauen. Wer selber keine großzügige Werkstatt hat, ist beispielsweise im Innenhof oder in der Garage sehr gut aufgehoben. Wichtig sind dabei ein Stromanschluss und die Absicherung, dass niemand ungewollt mit einbezogen wird (Nachbarn) und kein Schaden (eigene und fremde Gegenstände sichern) entsteht. Ich persönlich arbeite am liebsten an der frischen Luft. Dazu richte ich mir vor jedem Projekt in aller Ruhe meinen Arbeitsplatz ein. Montageböcke, Kabeltrommel, Werkzeug, Ablagen und genügend Flüssigkeit zum Trinken sind neben gutem Wetter die Grundlage für den Spaß an der Arbeit. Für Leute mit wenig bis keinem Werkstatt-Platz gibt es in jeder größeren Stadt Organisationen wie beispielsweise Handwerker-Cafés oder sogenannte Makerspaces, die sich darauf spezialisiert haben, uns Baubegeisterten Raum und oft auch Werkzeug anzubieten. Adressen gibt es im Anhang auf Seite 125.

DAS WANN ...

Natürlich bleibt diese Frage jedem selbst überlassen. Ich rufe an dieser Stelle sehr zur Achtsamkeit auf. Das schönste Projekt bekommt einen faden Beigeschmack, wenn man damit den Ärger der Nachbarn oder der Partnerin auf sich zieht.

Da hilft am besten Kommunikation. Eine sinnvolle Uhrzeit zwecks Lärmentwicklung dankt sicher jedes schlafende Kleinkind oder der Nachbar, der noch die Nachtschicht vor sich hat.

DAS WER ...

Beim Bauen ist das ein wenig wie beim Fernsehen, alleine macht es nur halb so viel Spaß. Deshalb empfehle ich, andere Menschen zu motivieren, einfach mitzumachen oder zu helfen. Das hat entscheidende Vorteile, gerade was die Handhabung von Material angeht. Rückschläge lassen sich besser verkraften und Erfolgserlebnisse schöner feiern. Meiner Erfahrung nach macht es am meisten Spaß, wenn sich auf Grundlage einer effizienten Zusammenarbeit Projekte wie von selbst zusammenbauen. Das steigert die Wertschätzung eines jeden Projektes ungemein und dient der eigenen Fähigkeit zu organisieren.

DIE RICHTIGE HALTUNG

Man muss kein Profi sein, um sich mit dem, was man tut, in einem vernünftigen Maß auseinanderzusetzen. »Vernünftig« heißt in unserem Fall einen Sinn für Material und seine Verarbeitung zu entwickeln.

DIE GELASSENHEIT UND RUHE

Wer im hektischen Treiben versucht, ein gewisses Maß an Qualität zu erreichen, wird sich schwertun. Und nur weil man eine Lösung erkannt hat, heißt das noch lange nicht, dass es auch die vernünftigste ist. Voreiliger Aktionismus führt dabei oft zu Resultaten, die nachher bereut werden. Erfahrene Handwerker sind vor allem spitze im Verknüpfen aller relevanten Parameter, die es für ein gutes Gelingen braucht. Deshalb sind Ruhe und Gelassenheit die beste Art, positive Erfahrungen zu sammeln. Ich kann davon aus eigener Erfahrung sprechen, ich muss es selbst bei jedem neuen Projekt lernen.

DER SINN FÜR ORDNUNG

Womit wir wieder bei meinem Schrauben sortierenden Freund aus Jugendtagen angekommen wären: Während eines Projekts sieht es zum Teil recht wüst aus: Ist man im vollen Bau-Modus, liegen alle möglichen Werkzeuge und Materialen um uns herum. Das sieht für Außenstehende meist sehr chaotisch aus, ist aber Teil unserer Arbeitsökonomie. Jeder entwickelt so seinen eigenen Arbeitsstil.

Es besteht allerdings ein großer Unterschied zwischen temporärer Unordnung während intensiver Arbeitsabschnitte und ständigem Chaos. Wer dabei vom sogenannten »kreativen Chaos« spricht und sich damit aus der Affäre ziehen will, dem sei gesagt, dass die allermeisten erfolgreichen kreativen Köpfe alles andere sind als Chaoten. Aufräumen hilft uns nicht nur beim Sortieren unserer Materialien, sondern auch beim Sortieren der

eigenen Gedanken. Und den Überblick behalten zu können ist die Basis für erfolgreiche und bis ins Detail gekonnt gebaute Projekte. Wer lernt, seine Gedanken zu ordnen und konzentriert bei der Sache zu sein, wird in den seltensten Fällen im Chaos enden, versprochen.

SICHERHEIT

Bei allen Projekten steht die Sicherheit an erster Stelle! Wir bearbeiten unser Material mit Maschinen und Stoffen, die bei unsachgemäßer Handhabung große Schäden an Mensch und Umwelt hervorrufen können. Deshalb gilt bei der Arbeit mit Maschinen immer das Tragen von Schutzkleidung wie Gehörschutz, Sichtschutz, Handschuhen und bei Bedarf Spezial-Schutzkleidung, vor allem beim Schweißen und bei der Arbeit mit dem Trennschleifer. Natürlich achten wir auch bei allen anderen handwerklichen Tätigkeiten auf uns und unsere Umwelt.

Das sichere Lagern von Material sowie das Verstauen und Entsorgen von Chemikalien wie Leim und Lack dient der allgemeinen Sicherheit in der Werkstatt. Auch hier gilt, Achtsamkeit und Umsicht sind die beste Strategie zur Vermeidung von Verletzungen und Unfällen.

In jeder Werkstatt sollte deshalb der Verbandskasten an einer sinnvollen und sauberen Stelle installiert sein. In meiner Werkstatt befindet er sich gut sichtbar gleich in der Nähe der Reinigungstücher, die ich im Falle eines Malheurs zum Trocknen der Tränen benutze.

WAS MAN BRAUCHT

Das Werkzeug und die Liebe: Ich gehöre zu den Menschen, die es regelrecht zelebrieren, das eigene Werkzeug zu benutzen und zu pflegen. Denn wer gutes Werkzeug besitzt, der merkt ziemlich schnell, dass diejenigen, die es entwickelt haben, sich sehr viel Gedanken darüber gemacht haben, wie es am besten funktioniert.

SÄGEN

Ehe man etwas zusammenbaut, müssen diverse Teile zugeschnitten werden.

Bleistift und Messwerkzeug wie Zollstock sind zum Anzeichnen und Abmessen unerlässlich. Nur so kann richtig geschnitten und zusammengesetzt werden.

Eine Stichsäge wie die von uns verwendete PST 700 E von Bosch ❶ zum Aussägen von Kurven und Konturen, am besten mit einer Auswahl an Sägeblättern von Holz bis Metal, ist Gold wert. Eine Säge mit Pendelhub transportiert die Späne besser ab, jedoch franst das Material dadurch etwas aus. Meistens kann man den Pendelhub in mehreren Stufen ein- oder ganz ausschalten.

Handsägen für Holz und Metall sind für kleinere Schnitte und zum Absägen auf Gehrung sehr praktisch. Eine Sägelehre hilft bei der Führung des Sägeblattes. Die meisten Sägelehren haben eine Führung von 45° und 90°.

Die Kappsäge kappt, wie der Name schon verrät, Leisten, Bretter und Balken. Der Vorteil dieser Säge liegt am verstellbaren Anschlag. Dieser kann in der Regel auf beiden Seiten von 45° bis 60° stufenlos verstellt werden. Auch das Sägeblatt kann in Tauchrichtung bei den meisten Sägen im Winkel bis zu 45° eingestellt werden.

Die Handkreissäge, vorzugsweise mit Führungsschiene oder Parallelanschlag, dient uns zum Bearbeiten von Platten und Brettern. Die Sägeblätter variieren dabei von der Bearbeitung massiver Hölzer bis zu beschichteten Spanplatten. Die meisten Blätter sind auf der Verpackung gekennzeichnet und besitzen eine spezielle Anordnung sowie einen speziellen Schliff der Zähne.

❶

SCHRAUBEN & BOHREN

Akkubohrer/Akkuschrauber ❷ sind Grundausstattung zum Bau unserer Projekte. Große
Spannfutter nehmen in der Regel Bohrer von
bis zu 13 Millimetern auf, kleine Futter bis
10 Millimeter.

Zum Eindrehen von Schrauben ❸ (hauptsächlich Holzschrauben) kommt der Bit-Halter in das
Futter. Ich persönlich bevorzuge Torx-Schrauben.

Im sternförmigen Innenprofil des Schrauben-
kopfes findet der zugehörige Bit fast immer
perfekten Halt, sodass sich die Schraube mit
gleichmäßig verteilter Kraft gut eindrehen lässt.

Zum Bohren von Löchern spannt man die dem
Material und Wunsch entsprechenden Holz-
oder Metallbohrer ein. Außerdem gibt es Forstnerbohrer speziell zum Bohren großer Löcher
mit 8 bis 150 Millimeter Durchmesser.

Eine Standbohrmaschine ❹ arbeitet genauer
und sauberer als ein Akkubohrer, ist jedoch
nicht so flexibel. Aber mit richtig eingestellter
Drehzahl und scharfen Bohrern schafft die
Standbohrmaschine Materialstärken bei Metall
von bis zu 50 Millimeter ohne große Mühe.

Stein und Betonwände bohrt man besser mit
einem leistungsstarken **Schlagbohrer.**

FRÄSEN

Die Flachdübelfräse benötigen wir für unsichtbare Plattenverbindungen (S. 36), wobei 20er-Flachdübel zum Einsatz kommen. Ein Gerät mit Staubsaugeranschluss ist hier von Vorteil, da es recht staubig zugeht. Die meisten Geräte, etwa die von uns verwendete SFF 22A von Bosch ❷, besitzen einige Markierungen, die zum Ausrichten und Ansetzen der Fräse dienen. Mitunter ist ein einstellbarer Tiefenanschlag dabei. Diesen auf das 20er-Maß einstellen, so bekommen wir immer eine gleichmäßig tiefe Fräsung für unsere Dübel. Bei der Arbeit an Verbindungen auf Gehrung immer 45° einstellen.

Die Oberfräse und die Kantenfräse dienen uns hauptsächlich zur Bearbeitung von Kanten. Ein 45°-V-Nut-Fräser mit Anlaufring sorgt bei einer Tiefe von 1 bis 2 Millimetern für sehr schöne und gleichmäßig gebrochene Kanten. Alternativ kann man zum Kantenbrechen ein Stück Schleifpapier um einen Holzklotz oder Schleifblock legen. Zum Fräsen von Nuten ist ein verstellbarer Parallelanschlag wichtig.

Für die dargestellten Projekte kamen eine Kantenfräse ❶ (SKF 600) und eine Oberfräse (GOF 1250 LCE von Bosch) zum Einsatz. In der Regel können alle Projekte auch mit der Oberfräse bearbeitet werden. Dazu wird nur der Fräser gewechselt.

SCHLEIFEN

Ob Oberflächen oder Kanten: Durch die
»Fleißarbeit« Schleifen bekommt man eine
wertige und professionelle Optik hin. Außerdem lassen sich Stoßkanten damit abrunden.

Ein Bandschleifer ❸ ist ideal zum Schleifen
von Kanten und größeren Flächen. Wer sich
das sparen möchte, kann ein Stück **Schleifpapier** um einen Holzklotz oder **Schleifblock**
legen und die Kanten von Platten damit brechen. Generell gilt bei Schleifpapier: Je höher
die Körnung, desto feiner ist der Schliff.

Mit Feilen ❹ bearbeiten wir Oberflächen und
Kanten unserer Werkstücke. Feilen unterschei-
den sich in Form und Hieb je nach Bauart für
Holz oder Metall. Als Hieb wird das Rillenmuster
auf dem Feilenblatt bezeichnet. Mit einer scharfen Feile kann man sehr präzise Oberflächen
abtragen und Kanten entschärfen. Große Feilen
eignen sich daher für Grobes, kleine sogenannte
Schlüsselfeilen bearbeiten die kleinsten Bauteile.
Jede Feile sollte nach der Arbeit mit der Drahtbürste ❺ gereinigt werden.

DER TRENNSCHLEIFER

Mit diesem Gerät ❻ bearbeitet man Metall und
Stein.

Zum Schneiden gibt es spezielle Scheiben. Für
Metall eignen sich sehr dünne **Trennscheiben**
am besten. Da die Schnitte sehr schmal ausfallen,
sind der Funkenflug und der Materialabtrans-
port entsprechend geringer. Darüber hinaus
braucht es weniger Kraft.

Zum Schleifen gibt es Scheiben, die ähnlich
aussehen wie Trennscheiben, nur sind sie viel
dicker und werden als **Schruppscheiben** verkauft.
Meine Favoriten sind sogenannte **Fächerschei-
ben.** Sie besitzen eine Anordnung von Schleifpapieren auf dem Teller. Je nach Körnung kann
man damit sehr schön Kanten und Ecken ent-
graten und runden.

Zur Reinigung von Oberflächen empfehlen sich
spezielle **Reinigungsscheiben** und **Vliesscheiben.**
Mit ihnen lassen sich hervorragend Rost und
Schlacke entfernen.

REINIGEN UND POLIEREN

Ob zur Reinigung oder für abschließenden Hochglanz: Das Aufarbeiten von Oberflächen kann auf zwei Arten stattfinden. Mechanisch oder chemisch, also durch Schleifen mit groben bis feinen Schleifpapieren und Feilen oder, vornehmlich zur Reinigung, mit verschiedenen Lösungsmitteln, die je nach Art der Verschmutzung zu wählen sind.

MECHANISCHE REINIGUNG

Zum einen gibt es da die mechanische Art, also mit sogenannten **Schleif- oder Abrasivmitteln,** häufig eingesetzt bei altem Metall und stark verkratzten Holzoberflächen. Hierzu zählt zum Beispiel die Bearbeitung des Materials mit dem Schleifgerät wie dem Trennschleifer ❶ oder der Drahtbürste.

Je stärker die Verschmutzung oder Oxidation ausfällt, desto mehr Aufwand wird logischerweise zur Reinigung notwendig. Ich empfehle bei den meisten zu reinigenden Oberflächen und Materialen, sich vorher zu überlegen, welche Art von Reinigung die schonendere ist und ob die Reinigung tatsächlich Sinn macht. Möbel verlieren oft auch viel Charme, sobald man die Patina entfernt.

CHEMISCHE REINIGUNG

Zum anderen gibt es Chemikalien wie **Abbeizer** oder scharfe **Reiniger (Nitro-Verdünnung)** ❷, häufig, um alte Farbschichten abzutragen, aber auch, um Oberflächen vor der Lackierung absolut staub- und fettfrei zu bekommen. Etwa auch anwendbar bei der Biertischgarnitur von Seite 107. Die Mittel greifen dementsprechend stark fettlösend und ätzend an und sind nur mit entsprechendem Haut- und Augenschutz zu verarbeiten. Achtung! Diese Reiniger sind leicht entzündlich, also das Rauchen (wenn nicht schon geschehen) bei der Arbeit einstellen und die Behältnisse immer kühl und gut verschlossen an einem sicheren Ort lagern.

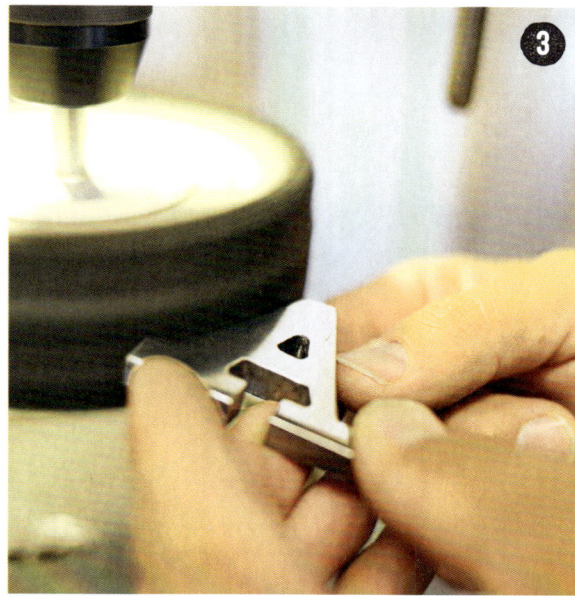

DAS POLIEREN

Sind unsere Bauteile und Oberflächen erst einmal gründlich gereinigt, können sie mit entsprechenden Mitteln poliert werden. Diese Polierungen basieren meist auf feinen Abrasivmitteln, es wird also mechanisch »feingeschliffen«. Wer sich nicht sicher ist, ob die Politur den gewünschten Effekt erzeugt, sollte das Poliermittel an einer verborgenen Stelle testen. Bei rohem Metall erzielt man mit einem entsprechenden **Polieraufsatz für die Bohrmaschine**  und dem richtigen **Poliermittel** Spiegeloberflächen.

Bei Hölzern, vor allem bei den Kanten von Multiplexplatten, erzielt man super Ergebnisse mit einem sogenannten **Schleifvlies**. Diese schwammartigen Schleif-Pads gibt es in verschiedenen Rauigkeiten, ähnlich wie bei der Körnung von Schleifpapier. Ein Tipp: Die Kante der Platte mit feinem Schleifpapier glätten, mit Möbelwachs versiegeln, einwirken lassen und nach einiger Zeit mit einem Vlies polieren. Sieht aus wie lackiert!

VERSIEGELN

Sind die Oberflächen nach Wunsch geschliffen und poliert, empfiehlt es sich, die gewünschte Optik zu konservieren: etwa mit klarem Lack (bei Holz und Metall), mit Lasuren oder Möbelwachs (Holz) ❹. Und natürlich regelmäßig nachpflegen. Wir wollen ja, dass alle unsere selbst gebauten Projekte uns lange begleiten und an die schöne Zeit des Entwickelns und Bauens erinnern.

SCHWEISSEN

Zu guter Letzt ein Blick in die Zukunft mit einem Spezialthema: Schweißgeräte gibt es in unterschiedlichen Bauarten. Je nach Material und Anwendungsbereich ist Schweißen eine Kunst für sich. In diesem Buch arbeiten wir an Projekten, für die sich zwei Arten von Geräten sehr gut eignen.

MIG/MAG

Ein MIG/MAG- oder auch Schutzgas-Schweiß-gerät ❶ arbeitet mit einer Pistole ❷, in der ein Schweißdraht automatisch in Richtung Werkstück austritt. Sobald ein Massekontakt gegeben ist, entsteht der Lichtbogen zum Schweißen. Um den Lichtbogen herum wird im Moment des Schweißens automatisch ein Gas geblasen, welches den umliegenden Sauerstoff verdrängt und somit für eine schlackefreie und dichte Schweiß-naht sorgt. Wichtig: Beim Umgang damit sind die Parameter wie Stromstärke und Drahtvor-schub auf das entsprechende Material einzustel-len. Je dicker das Material, desto mehr Strom und Draht, sprich höherer Vorschub ist nötig.

ELEKTRODEN-SCHWEISSGERÄTE

Das sind wohl die gängigsten Geräte in Heimwer-ker-Werkstätten. Sie sind in der Regel günstiger und arbeiten ohne zusätzliches Gas. Sie sind da-her leichter zu handhaben. Gearbeitet wird mit Elektroden-Stäben, die je nach Material in ihrer Beschichtung variieren. Die passenden Elektro-den sind normalerweise dabei. Sie werden in eine Zange geklemmt und an das Werkstück geführt. Sobald ein Massekontakt da ist, entsteht der Licht-bogen. Im Gegensatz zum MIG/MAG bleibt beim Schweißen mit Elektroden eine Schicht Schlacke auf der Naht zurück, die sich mit einem speziellen Schlackehammer gut entfernen lässt. Auch hier gilt, je dicker das Material, desto mehr Energie, Strom wird benötigt.

SO FUNKTIONIERT'S

Um beim Schweißen eine stabile und durch-gängig Raupe zu erzeugen, braucht es je nach

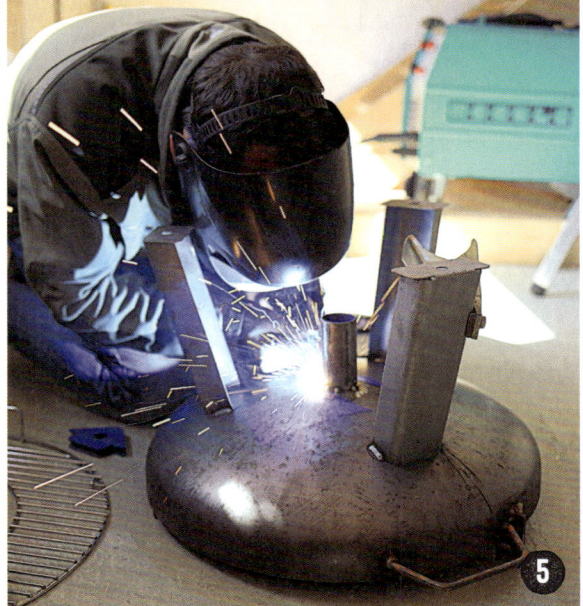

Gerätetyp eine gewisse Zeit, um die richtigen Einstellungen und Techniken zu finden. Dazu gibt es im Internet gute Anleitungen. Am besten besucht man dazu Kurse, die meistens von den Herstellern der Geräte angeboten werden.

ARBEITSSICHERHEIT

Sehr wichtig sind beim Schweißen die richtigen Schutzkomponenten für die Augen und die Haut ❸. Zum Schutz vor der intensiven UV-Strahlung ist eine Schweißmaske ❹ der beste Schutz für die Augen. Sie schützt nicht nur den Kopf und den Gesichtsbereich. Im Gegensatz zu den gängigen Schweißbrillen blenden gute Masken automatisch ab, sobald der Lichtbogen ❺ entsteht. Gute Masken kosten 120 Euro aufwärts und sind für die Arbeit am besten geeignet.

Schweißen ist von den Verarbeitungstechniken mit Sicherheit eine der spannendsten und interessantesten. Verbindet doch der Mann bildlich Metall mit der Hilfe des Feuers! Eine genauere Auseinandersetzung mit der Materie ist für ein gutes Gelingen sehr zu empfehlen, es macht wirklich ganz großen Spaß. Auch hier gilt natürlich für jeden Könner: Üben, Üben, Üben!

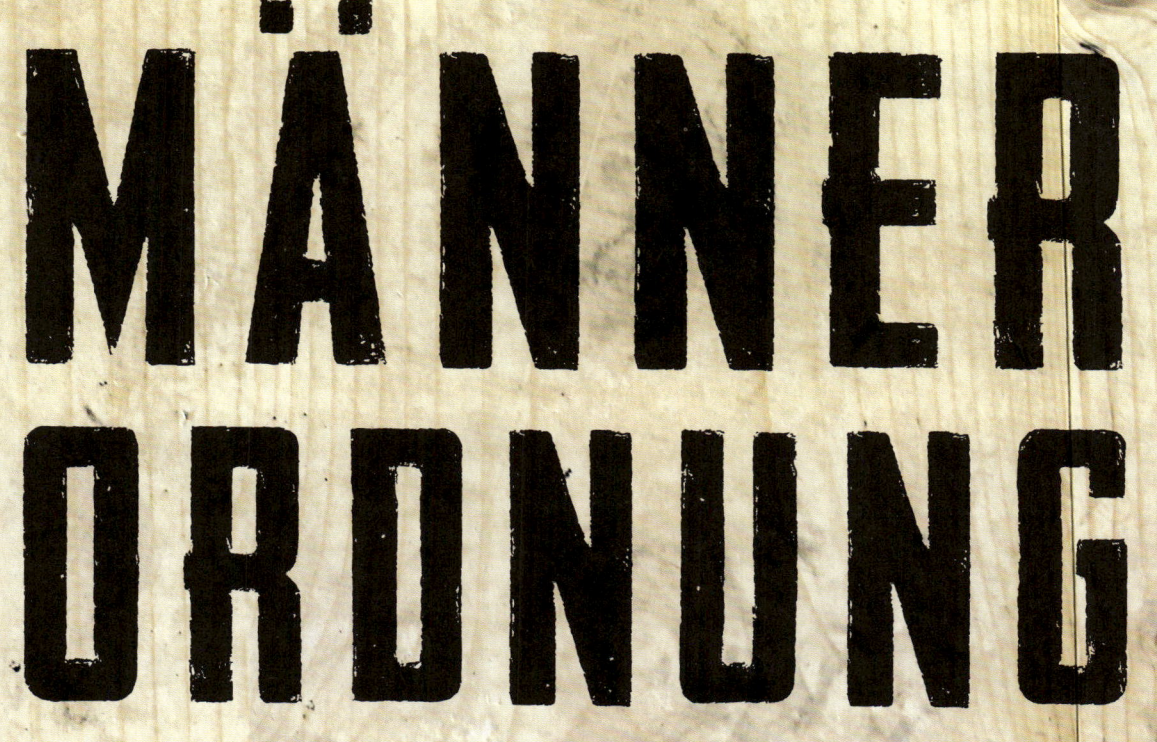

MÄNNER
ORDNUNG

DURCHDACHT GEBAUTE ORDNUNGSHELFER FÜR DIE AUFGE-
RÄUMTE WERKSTATT, DEN GUT SORTIERTEN EINGANGSBEREICH
UND DIE OPTIMAL ORGANISIERTE HIGHTECH-VERSORGUNG.

CLEVER GESTAPELT

DER BOXENTURM

AUS BESCHICHTETEM SPERRHOLZ

*Werkstatt, Garage, Gartenhaus oder Kellerabteil: Stauraum ist immer gefragt.
Weil dieses Regal aus Stapelkisten auch noch ultimativ flexibel, nämlich fahrbar, erweiterbar
und zerlegbar ist, erfüllt es (nicht nur) männliche Ordnungsansprüche perfekt.*

ÜBER DAS PROJEKT

Das Projekt sieht zwar großartig aus, erfordert aber nicht zwingend großes Gerät: Die Sperrholzplatten lassen wir uns passgenau im Baumarkt zuschneiden.

Wichtig ist sorgfältiges Arbeiten. Die Anordnung und die Maße der Bauteile sind genau zu beachten, damit wir später eine Kiste mit Deckel, zwei Kisten zum Stapeln und eine Kiste mit Rollen erhalten, die auch aufeinanderpassen. Auf der Grafik  (S. 24) ist zu erkennen, dass die Fronten der Mittelkisten nach unten versetzt sind, sodass sie beim Stapeln einrasten.

Hier kann man
alle Pläne und
die Materialliste
runterladen

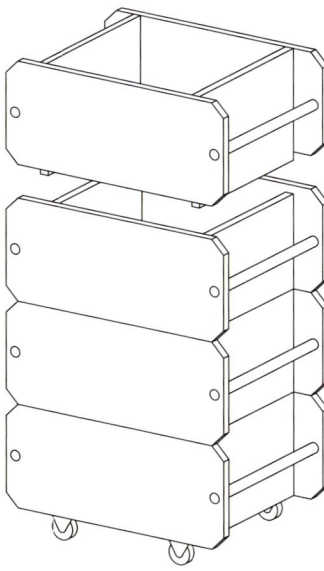

SCHWIERIGKEITSGRAD

⚒ ⚒ ⚒ ⚒ ⚒

MASSE FERTIGES OBJEKT

60 × 110 × 43,7 cm (B/H/T)

MATERIALIEN

▶ Multiplexplatte beschichtet, 21 mm:
  - 8 à 60 × 25 cm (Seitenteile)
  - 5 à 39,5 × 39,5 cm (Böden und Deckel)
  - 2 à 39,5 × 27 cm (Fronten Deckelbox)
  - 4 à 39,5 × 25 cm (Fronten Mittelboxen)
  - 2 à 39,5 × 23 cm (Fronten Bodenbox)
▶ 8 × Buchenrundholz 2,5 cm Ø, Länge: 44 cm (Griffe)
▶ 4 Rollen mit Gummireifen und Bremsen (bis zu 50 kg Last pro Rolle)
▶ 2 Holzleisten 1,5 × 1,5 cm, Länge: 39,5 cm (Deckelleisten)
▶ 80 Schrauben 4 × 50 mm (Boxen)
▶ 4 Schrauben 4 × 35 mm (Leisten)
▶ 16 Schrauben 4 × 20 mm (Rollen)

WERKZEUGE

▶ Kappsäge
▶ Kantenfräse oder Oberfräse oder Feile
▶ Schleifpapier
▶ Akkubohrer
▶ Forstnerbohrer 25 mm
▶ Holzbohrer 2 mm

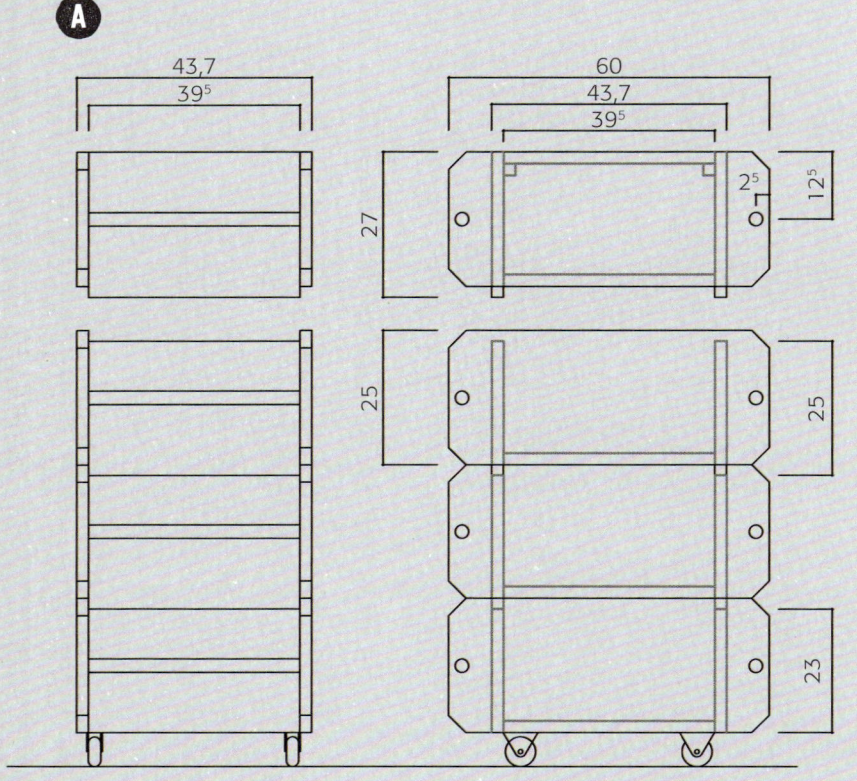

A

ANFASEN –
WIE MANN'S MACHT

Das Brechen, also Entschärfen von Holzkanten erledigt man, besonders bei größeren Werkstücken, mit einer Kanten- oder Oberfräse. Bei kleineren Projekten wie dem Kopfhörerhalter von Seite 51 tut es aber auch ein kleiner Schleifblock mit feinem Schleifpapier.

B

ANLEITUNG

1. Zunächst schneiden wir mit der Kappsäge die Ecken der 8 Seitenplatten auf Gehrung, also mit einem Winkel von 45° ca. 3,5 Zentimeter ab **A** + **B**. Das erleichtert das Stapeln, sieht gut aus und sorgt dafür, dass es keine spitzen Ecken gibt, an denen man sich stoßen könnte.

2. Alle Kanten der Seitenplatten sowie die langen Kanten der Fronten werden nun mit der Kanten- oder der Oberfräse (beziehungsweise mit Schleifpapier) »angefast« **C**: Das bedeutet, dass mithilfe eines Fräsers mit sogenanntem Anlaufring die Kanten der Platten entschärft, also gebrochen werden. Das gibt den Bauteilen einen angenehmen Griff und sieht zugleich professioneller und hochwertiger aus.

3. Im nächsten Schritt bohren wir mithilfe des Forstnerbohrers die Löcher für die Griffhölzer. Dazu jeweils ein Paar aufeinanderlegen, die Bohrposition mittig markieren **A** und dann bohren **D**.

4. Eine der 39,5 × 39,5-Zentimeter-Platten wird der Deckel: Damit dieser später problemlos abgenommen werden kann, werden mit dem Forstnerbohrer an zwei gegenüberliegenden Seiten mittig Grifflöcher gebohrt. ☞

»HANDMADE FÜR ECHTE HOCHSTAPLER«

HIER GEHT'S WEITER

4. Zum Zusammenbau der Kisten werden die Platten zuerst mit einem 2-Millimeter-Holzbohrer vorgebohrt wie auf **E** unten rot markiert.

5. Auf der Innenseite der Fronten der obersten Box werden 21 Millimeter unterhalb der Oberkante die Leisten montiert **E**, auf denen der Deckel aufliegen wird.

6. Anschließend werden mit den größeren Schrauben zuerst die Böden und Fronten auf Stoß verschraubt. Die Fronten für die oberste Box sowie die beiden Mittelboxen werden versetzt angebracht, sodass sie 2 Zentimeter über den Boden hinausragen. Die Front der Deckelbox ist oben bündig, die restlichen Fronten sind 2 Zentimeter nach unten versetzt. Die Front der untersten Box schließt bündig mit dem Boden ab **A**.

7. Dann werden die Seitenteile angeschraubt **F**. Sie schließen bündig mit den Böden ab **A**. Es können zusätzlich auch Flachdübel (S. 36) verwendet werden, sollten die Kisten zur Lagerung schwerer Teile gedacht sein.

8. Nun werden die Rundhölzer für die Griffe in die Löcher eingesetzt und mittels der kleineren Schrauben an den vorgebohrten Stellen an der Stirnseite der Platten fixiert **G**. Auf die Unterseite der Bodenbox werden zum Schluss noch die 4 Rollen montiert **H**.

AUF STOSS VERSCHRAUBEN – WIE MANN'S MACHT

Das ist die einfachste Variante einer Holzverbindung. Die Elemente werden dabei rechtwinklig verbunden und die Stirnseite des einen Werkstücks stößt auf die Fläche des anderen Holzteils.

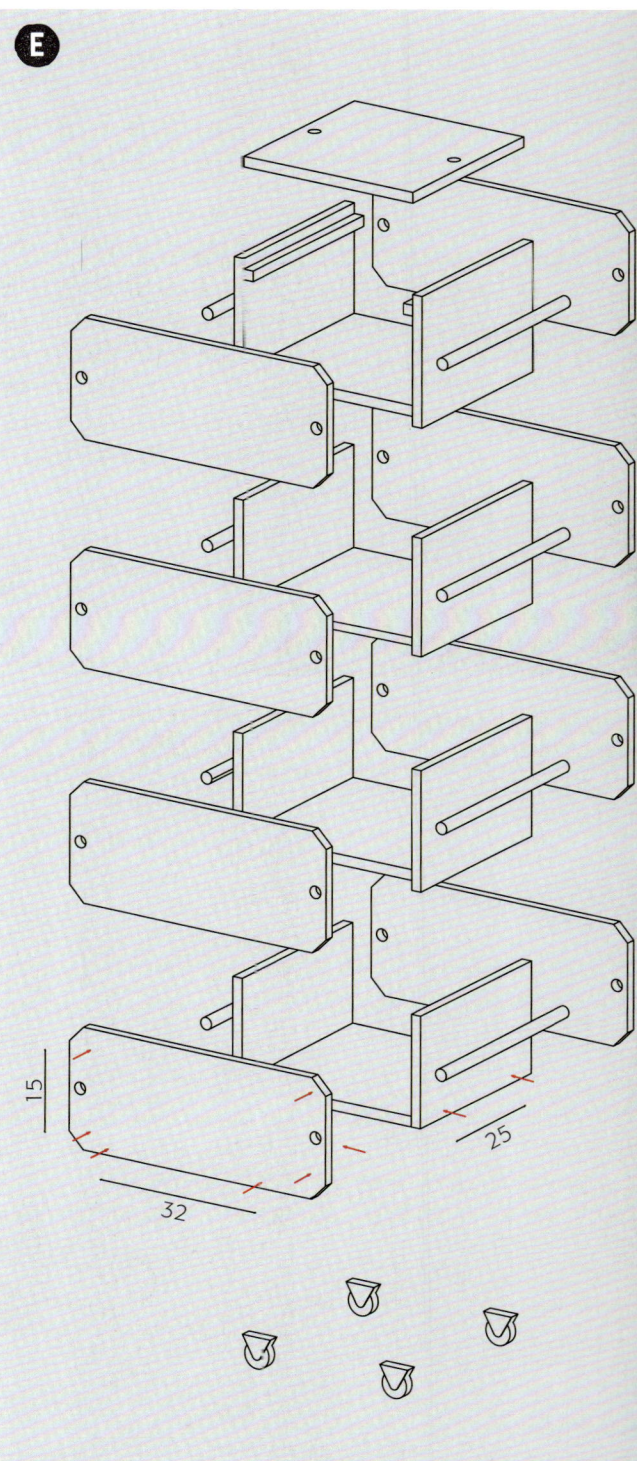

E

15

25

32

Respekt, Gregor.

Respekt, Julia.

DAS ORDNUNGSBRETT
MIT GESPRAYTEN WERKZEUGICONS

*Ordnung ist das halbe Leben, natürlich auch in der Werkstatt.
Unsere Werkzeugicons sind nicht nur praktisch, sondern auch ein schöner Hingucker
über der Werkbank oder auf den Stapelboxen von Seite 23.*

ANLEITUNG

1. Die Schablonen mit dem QR-Code herunterladen und ausdrucken. Mit einem Cutter schneiden wir die Werkzeuge vorsichtig aus.

2. Mit Klebeband befestigen wir die Schablone auf ein Brett mit unseren Wunschmaßen. Unser Brett hat die Maße 55 × 30 Zentimeter. Wichtig: Die Flächen, die nicht besprüht werden sollen, mit Klebeband und Papier gut abdecken. Wer die Anordnung der Werkzeuge ändern möchte, schneidet einzelne aus und befestigt sie separat. Vor dem Sprayen die Werkzeuge unter die Icons legen, damit sie später auch genug Platz haben.

3. Mit einem Abstand von 5 Zentimetern sprühen wir vorsichtig auf das Brett. Lieber im Schichtensystem arbeiten als zu viel Farbe auf einmal aufzutragen. So werden auch kleine Details schön dargestellt und es entstehen keine hässlichen »Nasen«. Wenn die Farbe getrocknet ist, lösen wir die Schablonen vorsichtig.

4. Nun noch die Nägel als Aufhänger unter die Icons einschlagen. Fertig ist das Ordnungsbrett!

SCHWIERIGKEITSGRAD

MASSE FERTIGES OBJEKT

variabel

MATERIALIEN

▶ dickeres Druckerpapier (z. B. 170 g/qm)
▶ Holzplatte unbeschichtet, mind. 18 mm, Maße nach Wunsch
▶ Kreppklebeband
▶ Acryl-Sprühlack
▶ lange Nägel (1–2 pro Werkzeug)

WERKZEUGE

▶ Drucker oder Kopierer
▶ Cutter
▶ Hammer

Hier kann man die Schablonen und die Materialliste runterladen

GEKONNT GELABELT

DIE GARDEROBE
AUS SPERRHOLZ UND BUCHE

*Die definitiv einfachste Garderobe der Welt. Sie besteht zwar nur aus Haken,
ist aber praktisch und bietet grenzenlos erweiterbaren Platz – und hat dabei keinen Haken.
Denn auch optisch macht sie ordentlich was her.*

ÜBER DAS PROJEKT

Bisher war der Garderobenhaken eine faule,
optisch wenig reizvolle Notlösung für alle, die
sich keine »richtige Garderobe« zulegen oder
gar bauen wollen. Dieser ist wirklich einfach zu
bauen und dabei nicht nur was für handwerkliche Minimalisten. Denn die mit aufgesprühten
Initialen personalisierten Platten markieren
nicht einfach übersichtlich die Abhängplätze
aller Bewohner, sie werden zur typografischen
Wandzierde.

Hier kann man
alle Pläne und
die Materialliste
runterladen

SCHWIERIGKEITSGRAD

➚➚ ➚ ➚ ➚

MASSE FERTIGES OBJEKT

30 × 30 × 16 cm (B/H/T)

MATERIALIEN

▶ Sperrholzplatte unbeschichtet, 8 mm:
  - 1 à 32 × 32 cm (Frontplatte)
  - 1 à 25 × 25 cm (Rückplatte)
▶ Holzleim
▶ 2 × Buchen-Rundholz 20 mm Ø, Länge 4 cm
  (Haken)
▶ Acryl-Sprühfarbe (optional)
▶ 4 Holzschrauben 4 × 35 mm
▶ dickeres Druckerpapier (z. B. 170 g/qm)
▶ Kreppklebeband
▶ Acryl-Sprühlack in 2 Farben
▶ 2 Wanddübel 6 mm

WERKZEUGE

▶ Zirkel
▶ Stichsäge
▶ Bandschleifer oder 120er Schleifpapier
▶ Akkuschrauber
▶ Holzbohrer 3 mm
▶ Forstnerbohrer 20 mm
▶ Cutter
▶ Schlagbohrer mit Steinbohrer 6 mm

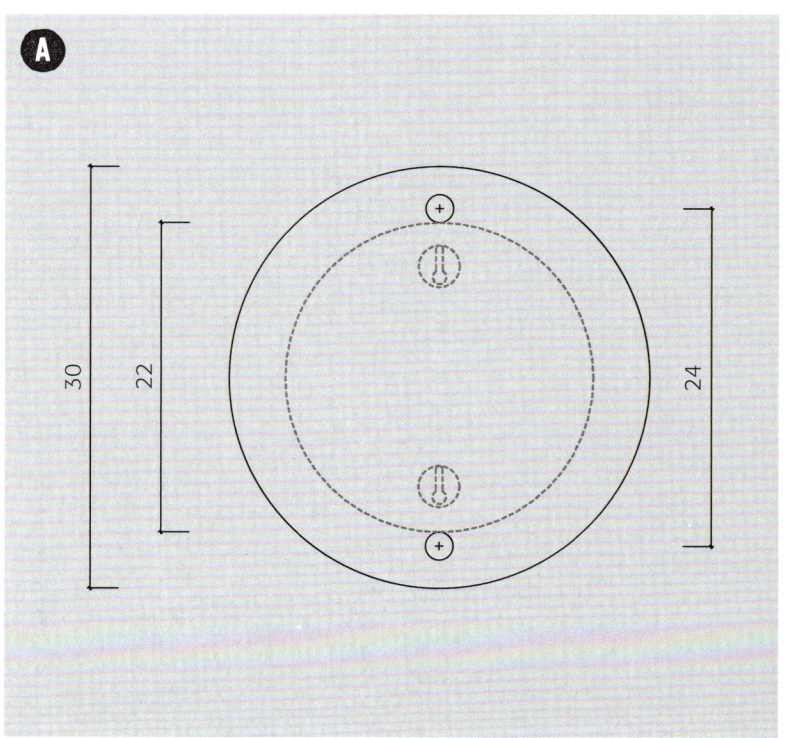

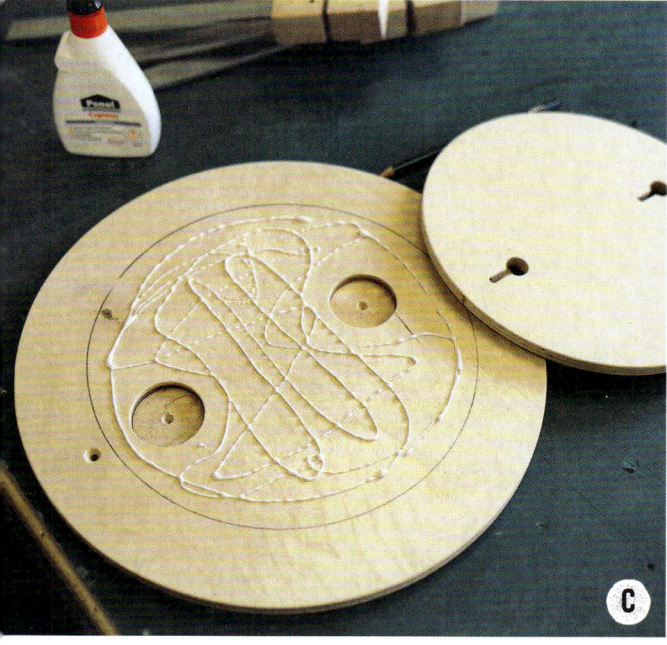

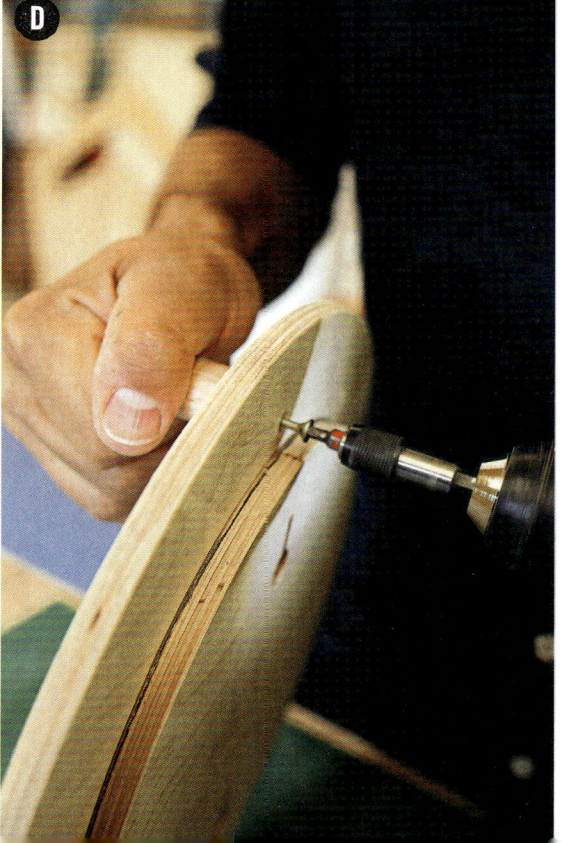

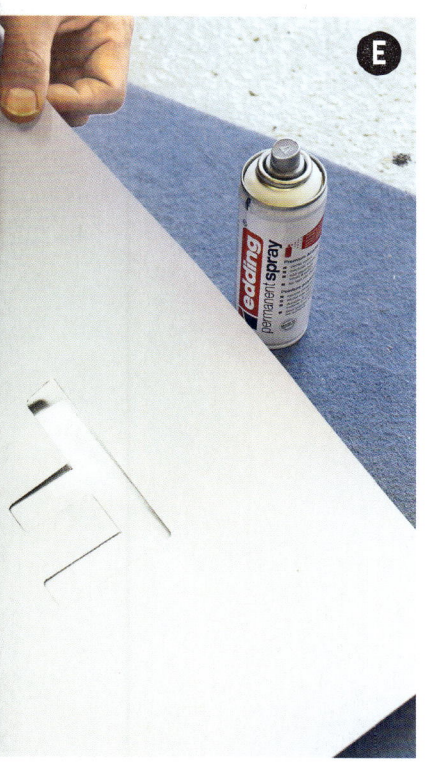

ANLEITUNG

1. Für die zwei Rundplatten **Ⓐ** auf die Sperrholzplatten mit dem Zirkel einen Kreis mit 30 Zentimetern Ø und einen mit 22 Zentimetern Ø aufzeichnen. Mit der Stichsäge ausschneiden. Mit dem Bandschleifer oder dem Schleifpapier glätten wir die Kanten.

2. In die kleinere Rückplatte schneiden wir nun mit der Stichsäge 2 Langlöcher für die Aufhängung: Die sehen aus wie auf dem Kopf stehende Schlüssellöcher **Ⓑ**. Vor dem Ansetzen der Stichsäge mit dem Holzbohrer vorbohren.

3. Auf der Rückseite der großen Platte werden nun mit dem Forstnerbohrer 2 je 5 Millimeter tiefe Vertiefungen auf Höhe der beiden Langlöcher **Ⓐ** gebohrt. Bei der späteren Wandmontage finden hier die beiden Schraubenköpfe für die Aufhängung Platz. Nun können die beiden Platten miteinander verleimt werden **Ⓒ**.

4. Auf der größeren Platte zeichnen wir die beiden Positionen für die 24 Zentimeter auseinanderliegenden Rundhölzer **Ⓐ** an, bohren diese 3 Millimeter tief vor und verschrauben sie von hinten mit der Platte **Ⓓ**. Zusätzlich sorgt ein Tropfen Leim vor dem Verschrauben für optimalen Halt.

5. Als Letztes schneiden wir uns eine Schablone für den Anfangsbuchstaben unseres Namens aus (siehe S. 29) **Ⓔ**. Um den Schlagschatten-Effekt zu erzeugen, sprühen wir zuerst mit dunkler Farbe die Initiale auf die Platte. Nachdem die Farbe ausreichend getrocknet ist, verschieben wir die Schablone circa 1 Zentimeter nach rechts und nach oben und sprühen die Initiale mit dem helleren Lack nochmals auf. Trocknen lassen, fertig.

6. Zur Montage mit dem Schlagbohrer zwei senkrecht übereinanderstehende Löcher für die Langlöcher bohren, Dübel einsetzen und 2 Schrauben so eindrehen, dass die Schraubenköpfe circa 4 Millimeter weit aus der Wand ragen. Danach wird der Garderobenhaken auf den Schrauben positioniert und ein Stück nach unten geschoben, damit die Schrauben in die Langlöcher einrasten.

DAS SCHUHREGAL
AUS BESCHICHTETEM SPERRHOLZ

*Auch Mann kann nie genug Schuhe haben: Ob Fußballschuhe, Outdoorstiefel,
Sicherheitsschuhe oder Pantoffeln, alles wird hier stilvoll und übersichtlich verstaut.
Natürlich auch für Damenschuhe geeignet. Dann aber größer bauen!*

ÜBER DAS PROJEKT

Wer sagt eigentlich, dass einfache Schuhregale immer am Boden stehen müssen? Dieses hier wird so hoch an der Wand montiert, dass das Sims zur Ablagefläche für Schlüssel & Co. wird. Alle Schuhe sind auf angenehmer Blickhöhe übersichtlich präsentiert, sodass die Qual der Schuhwahl der Vergangenheit angehört. Kein Suchen, kein Buckeln.

Beschichtetes Sperrholz eignet sich bestens für ein Schuhregal. Es sollte dabei sehr auf die Qualität geachtet werden, denn nur gute Beschichtungen wie Melamin oder Phenolharz sind resistent gegen Nässe und Kratzer. Die Platten lassen wir uns am besten im Holzhandel oder im Baumarkt zuschneiden. Manche schneiden sogar schon die schrägen Kanten!

Hier kann man
alle Pläne und
die Materialliste
runterladen

SCHWIERIGKEITSGRAD

MASSE FERTIGES OBJEKT

78 × 70 × 28 cm (B/H/T)

MATERIALIEN

▶ Sperrholzplatte beschichtet, 18 mm:
  - 1 à 78 × 70 cm (Rückwand)
  - 1 à 15 × 78 cm (Sims)
  - 2 à 32 × 78 cm (Schuhfächer)
▶ 9 20er Flachdübel
▶ Holzleim
▶ 6 Holzschrauben (Spax) 4 × 50 mm
▶ 3 Wanddübel à 6 mm
▶ 3 Schrauben (Torx) à 4 × 50 mm

WERKZEUGE

▶ Kantenfräse
▶ Schleifpapier
▶ Handkreissäge
▶ Flachdübelfräse
▶ Akkuschrauber
▶ Holzbohrer 2,5 mm
▶ Schlagbohrmaschine mit Steinbohrer 6 mm
▶ Wasserwaage

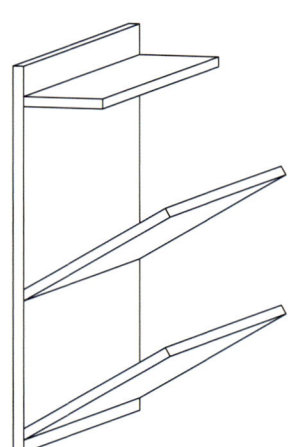

ANLEITUNG

1. Mit der Kantenfräse oder dem Schleifpapier fasen wir zunächst alle sichtbaren Kanten an (S. 24) den Platten an  A. Die Seiten, die später mit der Rückwand verleimt werden, brauchen nicht bearbeitet zu werden. Das ergibt beim Verleimen einen schöneren Anschluss und sieht besser aus.

2. Als Nächstes sägen wir mit der Handkreissäge die Schrägen mit einem Winkel von 30° an die beiden Ablageplatten B für die Schuhe. Dazu eignet sich eine Handkreissäge mit Führungsschiene oder Parallelanschlag am besten.

3. Nachdem wir uns an allen Ablagen auf einer langen Seitenfläche 3 Stellen wir die Verbindung markiert haben B C, fräsen wir mit der Flachdübelfräse die 10 Millimeter tiefen Nuten für die Flachdübel. Dabei ist zu beachten, den Winkel der Fräse für die Böden auf 30° einzustellen (Sims = 0°). Auf der Rückwand geschieht das Gleiche, die Fräse wird allerdings bei Sims und Böden zurück auf 0° gestellt. Die Passung der Flachdübelverbindung zunächst trocken testen D.

4. Stimmen die Passungen, können die Platten miteinander verleimt werden. Für optimale Stabilität bringen wir zusätzlich 2 Schrauben pro Ablage von hinten durch die Rückwand an: Dazu mit dem 2,5-Millimeter-Holzbohrer vorbohren und die Platten anschließend verschrauben.

5. Ist der Leim ausgehärtet, wird das Regal mittels 6-Millimeter-Dübel und Schrauben an 3 Stellen E an der Wand montiert. Schlagbohrmaschine und Wasserwaage kommen nun zum Einsatz.

Tipp: Die Kanten des Regals können nachträglich mit Wachs behandelt werden (S. 65). Das schützt zusätzlich vor Flecken und Feuchtigkeit.

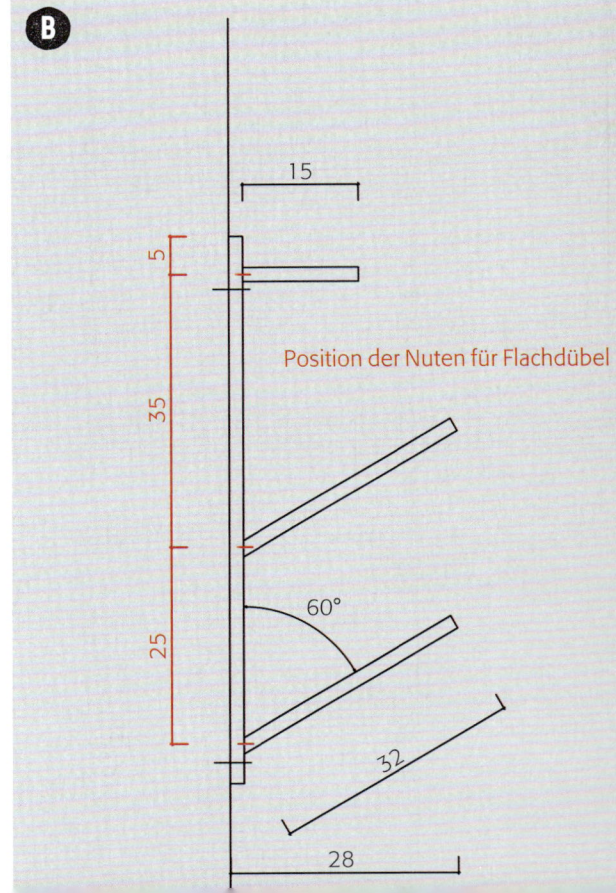

Position der Nuten für Flachdübel

Positionen Flachdübel
und Schrauben

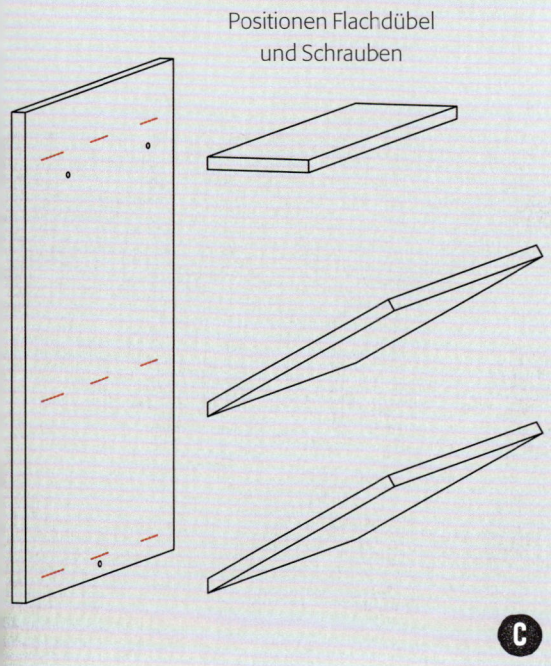

C

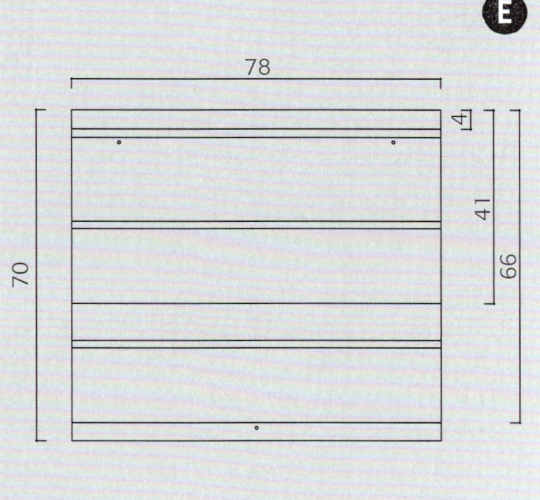

E

78

4

41

66

70

D

FLACHDÜBELVERBINDUNGEN – WIE MANN'S MACHT

Flachdübel haben mehrere Vorteile gegenüber einer einfachen Verschraubung oder runden Holzdübeln. Sie verteilen die Kräfte, die auf das Bauteil wirken, viel besser. Beim Verleimen nehmen Sie außerdem mehr Klebstoff auf und verteilen diesen besser. Des Weiteren bietet eine Flachdübelfräsung mehr Spielraum für notwendige Positionskorrekturen. Mit einer Flachdübelfräse lässt sich sehr sauber und präzise arbeiten. Sie ist darüber hinaus leicht und unkompliziert zu bedienen.

MIT SCHIRM UND CHARME

DER SCHIRMSTÄNDER
AUS BUCHENHOLZ

Ein Schirmständer in der Nähe der Haustür macht immer eine gute Figur.
Nicht nur Schirme sind darin bestens verstaut, auch Schuhlöffel, kleine Taschen
oder Ähnliches finden hier ordentlich Halt.

ÜBER DAS PROJEKT

Diese schlicht-schöne Schirmständer-Variante ist
nach den Gestaltungsprinzipien des Bauhauses
entwickelt. Sie ist schnell und einfach gebaut
und sieht auch noch gut aus. Man braucht kein
schweres Gerät oder vertiefte Vorkenntnisse.
Sauberes Messen und Arbeiten garantieren
einen stylischen Ordnungshelfer.

SCHWIERIGKEITSGRAD

MASSE FERTIGES OBJEKT

35 × 103 × 35 cm (B/H/T)

MATERIALIEN

▶ Buchenholz-Leiste 3 × 3 cm:
  - 2 à Länge 35 cm
  - 1 à Länge 100 cm (oder variabel)
▶ 4 × Buchenholz-Rundstab 20 mm Ø,
  Länge 4 cm
▶ Holzleim
▶ 1 Holzschraube 4,5 × 70 mm

WERKZEUGE

▶ Kappsäge oder Handsäge mit Sägelehre,
  alternativ Handsäge, Klüpfel und Stechbeitel
▶ 120er Schleifpapier
▶ Akkuschrauber
▶ Forstnerbohrer 20 mm
▶ 2 Zwingen
▶ Holzbohrer 3 mm
▶ Acryl-Sprühlack

Hier kann man
alle Pläne und
die Materialliste
runterladen

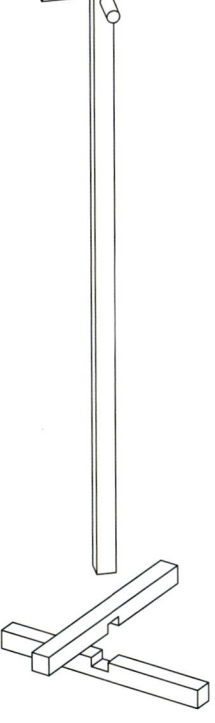

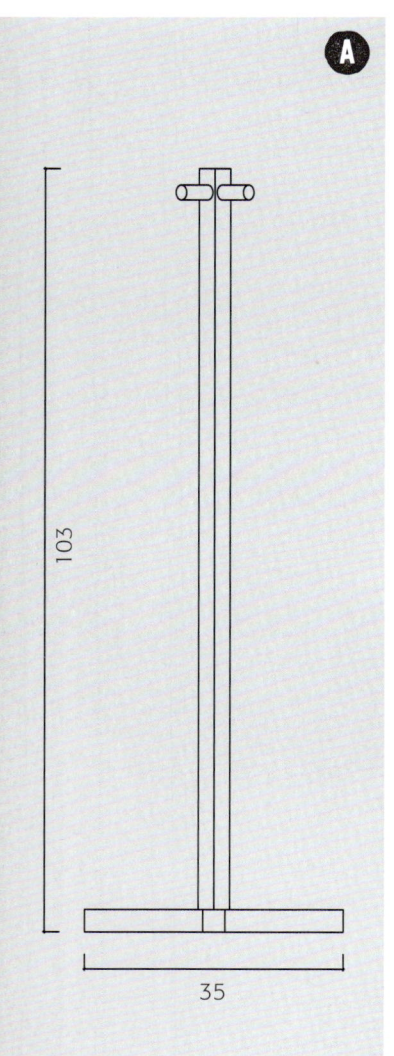

KREUZÜBERBLATTUNG – WIE MANN'S MACHT

Zimmerer arbeiten häufig mit dieser Technik. Die Passung stabilisiert das Einwirken von sogenannten Querkräften. Gesteckte Verbindungen sind zudem meist recht instabil. Wichtig: Die Aussparungen immer halb so tief arbeiten (ausklinken) wie die Stärke der zu verbindenden Teile, damit diese passgenau und ohne Überstände ineinanderpassen. Sonst würde der Standfuß wackeln.

ANLEITUNG

1. Zunächst schneiden wir uns die Längen der Bauteile zurecht **A**. Je nach Länge der verwendeten Schirme sollte die Stütze in der Höhe angepasst werden. Wir haben vornehmlich Knirpse zu Hause, dafür reicht eine Länge von einem Meter aus. Alle Kanten werden anschließend mit Schleifpapier angefast.

2. Aus den beiden Leisten für den Standfuß schneiden wir jeweils aus der Mitte eine 3 Zentimeter breite und 1,5 Zentimeter tiefe Aussparung für die Kreuzüberblattung aus. In unserem Fall haben wir die Kappsäge auf die entsprechende Tiefe eingestellt und das Material mit dem Sägeblatt herausgearbeitet **B**. Klassisch sägt man mit der Handsäge die beiden Ränder ein und stemmt den Bereich dazwischen mit einem Stechbeitel aus.

3. Zum Zusammensetzen des Standfußes geben wir in einen Überblattungsteil etwas Leim. Anschließend werden die beiden Teile über Kreuz zusammengesteckt und mit einer Zwinge fixiert.

4. Zur Montage der Rundhölzer bohren wir mit dem Forstnerbohrer circa 5 Millimeter tiefe Löcher in alle 4 Seiten des Kantholzes, befüllen diese mit etwas Leim und stecken die Rundhölzer hinein. Mit einer Zwinge fixieren wir jeweils zwei gegenüberliegende Rundhölzer **C**.

5. Ist der Leim ausgehärtet, verschrauben wir zum Schluss den Kreuzfuß mit der Stütze. Dazu eine Schraube mittig von unten durch das Kreuz in das Hirnholz der Stütze schrauben. Vorbohren nicht vergessen. Wichtig ist dabei die um 45° verdrehte Position **D**. Diese verhindert später, dass abtropfendes Wasser direkt auf den Fuß trifft und das Holz strapaziert.

Tipp: In unserem Fall haben wir den Schirmständer nachträglich mit Sprühfarbe lackiert. Das schützt ausgezeichnet gegen Tropfwasser und unterstreicht zugleich die minimalistische Erscheinung.

GUT AUFGESTELLT

DER I-PAD-HALTER
AUS SPERRHOLZ

Das Tablet ist in der Werkstatt, im Büro oder zu Hause ein fester Bestandteil unseres digitalen Lebens geworden. Zeit für einen selbst gebauten Halter. Je nach Ausführung der Tablets können die Größe der Auflage sowie die Abstände der Rundhölzer variieren.

ANLEITUNG

1. Zunächst markieren wir die Löcher für die Rundhölzer entsprechend der Zeichnung unten und bohren sie mit dem 2,5-Millimeter-Bohrer vor. Mit dem Bandschleifer oder dem Schleifpapier werden anschließend alle Kanten und Ecken gerundet.

2. Nachdem wir die Rundhölzer zugeschnitten haben, bohren wir diese mittig mit dem 3-Millimeter-Bohrer vor.

3. Als letzten Schritt werden die beiden kurzen Rundhölzer von hinten durch die Löcher verschraubt, die längere Stützstange von vorne. Die vordere Schraube gründlich versenken.

Tipp: Zusätzlich kann die Ablage farbig gestaltet werden, einfach mit Acryl-Sprühlack loslegen.

SCHWIERIGKEITSGRAD

MASSE FERTIGES OBJEKT

30 × 24 cm (B/H)

MATERIALIEN

▶ 1 × Sperrholzplatte unbeschichtet, 8 mm, 30 × 24 cm
▶ Buchen-Rundstab Ø 1,4 cm:
  - 2 à Länge 3,5 cm
  - 1 à Länge 8 cm
▶ 3 Holzschrauben 4 × 30 mm
▶ Acryl-Sprühlack

WERKZEUGE

▶ Akkuschrauber
▶ Holzbohrer 2,5 mm und 3 mm
▶ Bandschleifer oder 120er Schleifpapier
▶ Kappsäge oder Handsäge mit Sägelehre

Hier kann man alle Pläne und die Materialliste runterladen

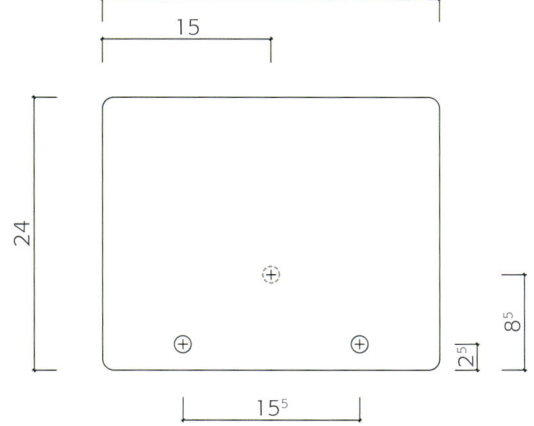

STARK VERKABELT

DIE STROMQUELLE
AUS BETON

Wie versteckt man die leidigen Verlängerungskabel? Die Antwort echter Könner:
Gar nicht. Man präsentiert sie gekonnt. Und das geht am besten mit Beton.

ÜBER DAS PROJEKT

Strom wird fast überall benötigt, aber nicht überall ist auch eine Steckdose in Reichweite. Steckdosenleisten aus Plastik sind einfach nirgends schön anzusehen, und nicht immer lassen sie sich verstecken. Was tun? Kreativ werden und eine ästhetische Variante bauen: Die Betonsteckdose hat auf jedem Schreibtisch Platz, macht aber auch in anderen Einsatzgebieten eine gute Figur. Ihr Gewicht macht sie gleichzeitig zum Briefbeschwerer, Türstopper oder Rettungsanker für so manches Elektro-Kleingerät.

Dazu wird ganz einfach ein handelsübliches Verlängerungskabel in Beton gegossen. Wir haben zu einem Modell mit Textilkabel gegriffen, das kommt in Wohnräumen besonders gut.

SCHWIERIGKEITSGRAD

MASSE FERTIGES OBJEKT

Länge nach Wunsch

MATERIALIEN

▶ Verlängerungskabel, Länge nach Wunsch
▶ Trinkbecher oder Suppenschale aus Papier à mind. 500 ml
▶ Isolierband
▶ stabiles Klebeband (Gaffa oder Duck)
▶ Schnell- oder Ausgleichszement (Füllmörtel)
▶ Wasser
▶ Filz oder Moosgummi

WERKZEUGE

▶ Zirkel
▶ Cuttermesser
▶ Spannzwinge
▶ Eimer
▶ Kelle
▶ 180er Schleifpapier

Hier kann man
die Materialliste
runterladen

STROM UND BETON –
WIE MANN'S MACHT

Die Mindest-Schutzklasse der Verlängerung sollte IP 44 sein, dann ist der Stecker geschützt vor Spritzwasser und dem Eindringen anderer Fremdkörper. Solange wir die stromführende Komponente, also das Kabel, baulich nicht verändern, und den Stecker zusätzlich mit Isolierband schützen, ist der Umgang mit Beton und Kabel kein Problem. Zumal Beton nicht leitend ist, sobald er keine Feuchtigkeit mehr enthält. Es wäre also nur dann gefährlich, wenn die Steckdose beim Gießen unter Strom steht. Während der gesamten Arbeit stecken wir die Verlängerung also nicht an. Und wir lassen die Betonsteckdose vor dem ersten Einsatz gut, also mindestens 2 Tage, trocknen, damit keine Restfeuchtigkeit zurückbleiben kann.

ANLEITUNG

1. Die Gussform sollte mindestens 500 Milliliter Fassungs-
vermögen haben, damit um die Steckdose herum mindestens 2 Zentimeter Betonstärke erreicht wird. Größer
geht natürlich auch. Ab 1 Liter wäre ich aber vorsichtig,
denn je größer der Betonblock, desto höher die Wahr-
scheinlichkeit, dass beim Trocknen Risse entstehen.
Wir zeichnen uns zunächst mit dem Zirkel den Durchmesser des Steckers unserer Verlängerung auf dem
Boden des Bechers an und schneiden diesen mit den
Cutter-Messer aus **A**.

2. Für das Kabel schneiden wir an der Seite des Bechers,
etwa 1,5 Zentimeter vom Rand entfernt, ein kleines
Loch mit Kabeldurchmesser **B**. Zwischen Loch und
Rand wird der Becher aufgeschnitten, sodass das Kabel
eingelegt werden kann. Dieser Schnitt wird später beim
Gießen mit Klebeband fixiert.

3. Als Nächstes kleben wir mit dem Isolierband alle Stellen
an der Steckerkupplung der Verlängerung lückenlos,
am besten überlappend, ab, sodass später kein Beton
eindringen kann **B**. Besonders wichtig ist die Stelle,
wo das Kabel in die Kupplung eintritt.

4. Jetzt positionieren wir die Steckerkupplung im Becher
und fixieren ihn, indem wir die Verlängerung einfach
durch das Loch im Boden des Bechers zusammenstecken **C**. So wird der Stecker fixiert und hält den
Becher dicht.

5. Eine Spannzwinge an der Werkbank ist die perfekte
Unterlage zum Gießen: Das Kabel kann durchhängen
und die Gießform kann ins Wasser gesetzt werden,
sodass die Steckdose später gerade steht **D**. ☞

HIER GEHT'S WEITER

6. Nun rühren wir uns in einem kleinen Eimer den Zement zum Gießen an. Dieser sollte am besten die Konsistenz von Babybrei haben, damit er sich gleichmäßig und glatt in der Form verteilt. In unserem Fall benutzen wir einen fertigen Schnellzement mit einer Verarbeitungszeit von 3 bis 5 Minuten, man sollte also keine Zeit verlieren. Die Form mithilfe einer Kelle bis zum Rand befüllen, es darf ruhig überlaufen **E**. Dann mit der Kelle seitlich leicht an den Becher klopfen, damit sich der Beton optimal in die Form schmiegt.

7. Nach ausreichender Zeit zum Trocknen (es empfiehlt sich 1 Tag) schälen wir vorsichtig die Gußform ab. Dazu einfach den Becher seitlich öffnen und abziehen **F**. Mit einem Stück Schleifpapier können die Kanten etwas entschärft werden.

8. Als letzten Schritt kleben wir ein Stück Filz an die Unterseite der Steckdose **G H**, damit keine Kratzer auf dem Schreibtisch entstehen.

Tipp: Die Oberfläche unserer Betonsteckdose kann auch mit Sprühlack versiegelt werden. Dies ist gerade bei rauen Oberflächen von Vorteil.

ARBEITEN MIT GUSSBETON – WIE MANN'S MACHT

Vor dem Anrühren sollten alle Werkzeuge griffbereit liegen und die Gussform fertig und positioniert sein. Zum Anrühren gilt die Formel 2 Teile Zement : 1 Teil Wasser. Hat der Zement eine breiähnliche Konsistenz, ist er bereit. Zur optimalen Verteilung in der Gussform sind kleine Schläge auf diese hilfreich, so wird die Masse in die kleinsten Ecken gerüttelt. Unbedingt Schutzkleidung und Schutzbrille tragen. Beton reizt Haut und Augen.

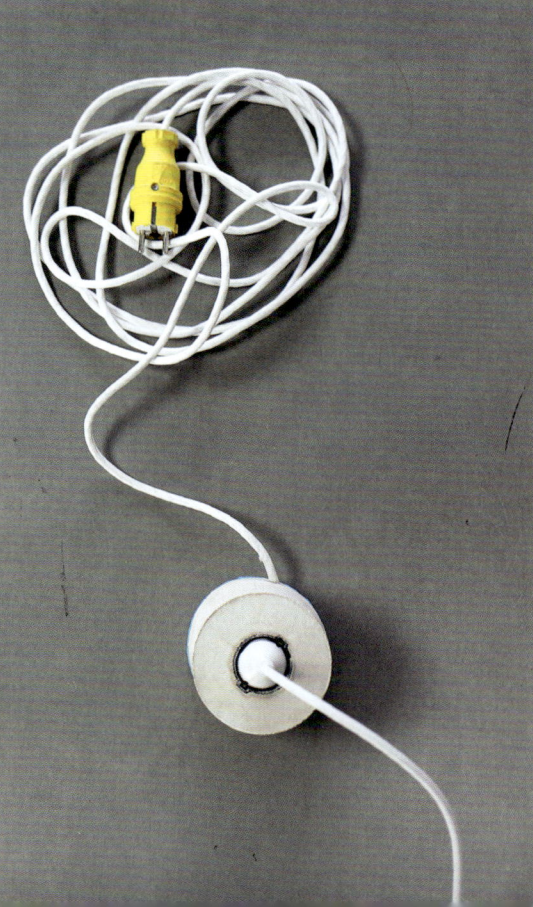

DER HÖRERHALTER
AUS SPERRHOLZ

Nach Jahren der Minimalisierung sind große Kopfhörer wieder schwer angesagt.
Viele tragen die stylischen Accessoires den ganzen Tag auf dem Kopf, damit sie gut zur Geltung
kommen. Aber auch zu Hause sollten sie auf einem präsentablen Rahmen ruhen.
Der ist sehr leicht und schnell gemacht.

ANLEITUNG

1. Mit dem Schleifpapier brechen wir zuerst alle Kanten und runden die Ecken.

2. Danach zeichnen wir uns mittig auf der niedrigen Rückplatte die 2 Markierungen für die Löcher an und bohren sie mit dem 2-Millimeter-Holzbohrer vor. An der Ständerplatte wird die Verbindung ebenfalls vorgebohrt.

3. Anschließend schrauben wir die Rückplatte so an die Ständerplatte, dass beide unten bündig abschließen. Nun kann der Kopfhörer auch schon aufgehängt werden.

Tipp: Mit Acryl-Sprühlack kann der Ständer zusätzlich nach Wunsch farbig gestaltet werden.

SCHWIERIGKEITSGRAD

MASSE FERTIGES OBJEKT
20 × 28 × 15,8 cm (B/H/T)

MATERIALIEN
▶ Sperrholzplatte unbeschichtet, 8 mm:
  - 1 à 15 × 28 cm (Ständerplatte)
  - 1 à 14 × 20 cm (Rückplatte)
▶ 2 Holzschrauben 3 × 20 mm
▶ optional Acryl-Sprühlack

WERKZEUGE
▶ 120er Schleifpapier
▶ Akkuschrauber
▶ Holzbohrer 2 mm
▶ Lineal
▶ Acryl-Sprühlack (optional)

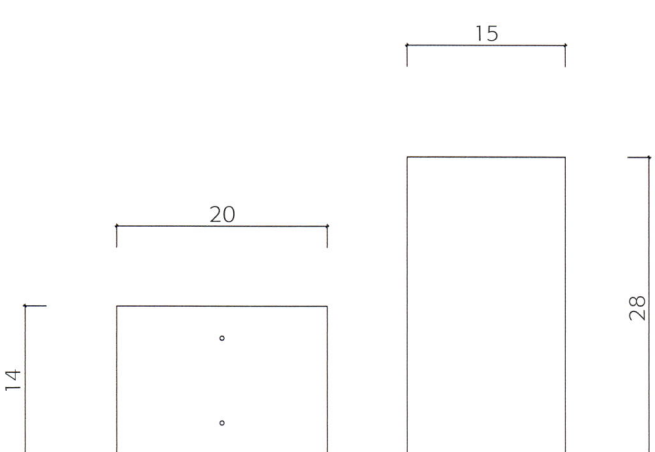

Hier kann man den Bauplan und die Materialliste herunterladen

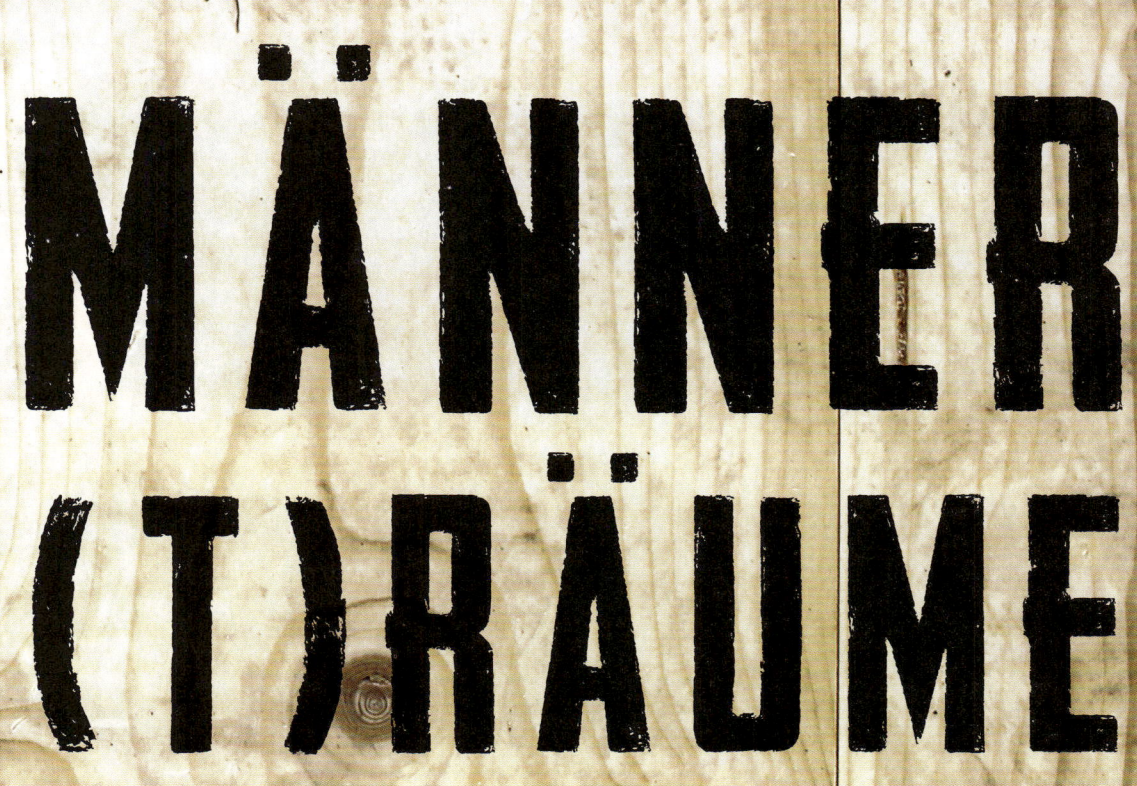

MÄNNER (T)RÄUME

WOHNDESIGN FÜR ECHTE KÖNNER, ZUM SITZEN,
ABSTELLEN, BELEUCHTEN, MIT KREATIVEN ARBEITSPLÄTZEN
UND PLATZ ZUM ANSCHLIESSENDEN FÜSSEHOCHLEGEN.

DER STECKHOCKER
AUS SPERRHOLZ MIT BUCHENHOLZHOLMEN

Der Hocker hat eine lange Tradition in Werkstätten und Wohnungen. Beweglich, praktisch, schön unkompliziert. Die Steckkonstruktion ist einfach umzusetzen und garantiert Stabilität.

ÜBER DAS PROJEKT

Sitzmöbel gelten gemeinhin als die schwierigsten Bauprojekte. Dieses Modell aber ist genial einfach. Man braucht keine Profivorkenntnisse. Die Steckkonstruktion macht wackelige Beine unmöglich, die Buchenholzholme verkleiden die simple Bauart schick. Nur etwas Sorgfalt beim Sägen und Fräsen, und schon ist ein beeindruckend stabiles Möbelstück gemacht.

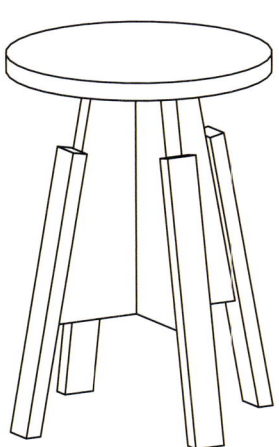

Hier kann man alle Pläne und die Materialliste runterladen

SCHWIERIGKEITSGRAD

↗ ↗ ↗ ↗ ↗

MASSE FERTIGES OBJEKT

33 × 45 × 33 cm (B/H/T)

MATERIALIEN

▶ Sperrholzplatte beschichtet, 18 mm:
  - 1 à 35 × 35 cm (Sitzfläche)
  - 2 à 30 × 32 cm (Streben)
▶ 4 Buchenholz-Leisten 3 × 2 cm, Länge 40 cm (Beine)
▶ 11 20er Flachdübel
▶ Holzleim

WERKZEUGE

▶ Bleistift
▶ Winkel und Lineal
▶ Stichsäge
▶ Kantenfräse, 120er Schleifpapier oder Bandschleifer
▶ Kappsäge
▶ Flachdübelfräse
▶ Hammer
▶ Schraubzwingen
▶ Zirkel
▶ Akkuschrauber
▶ Holzbohrer 10 mm

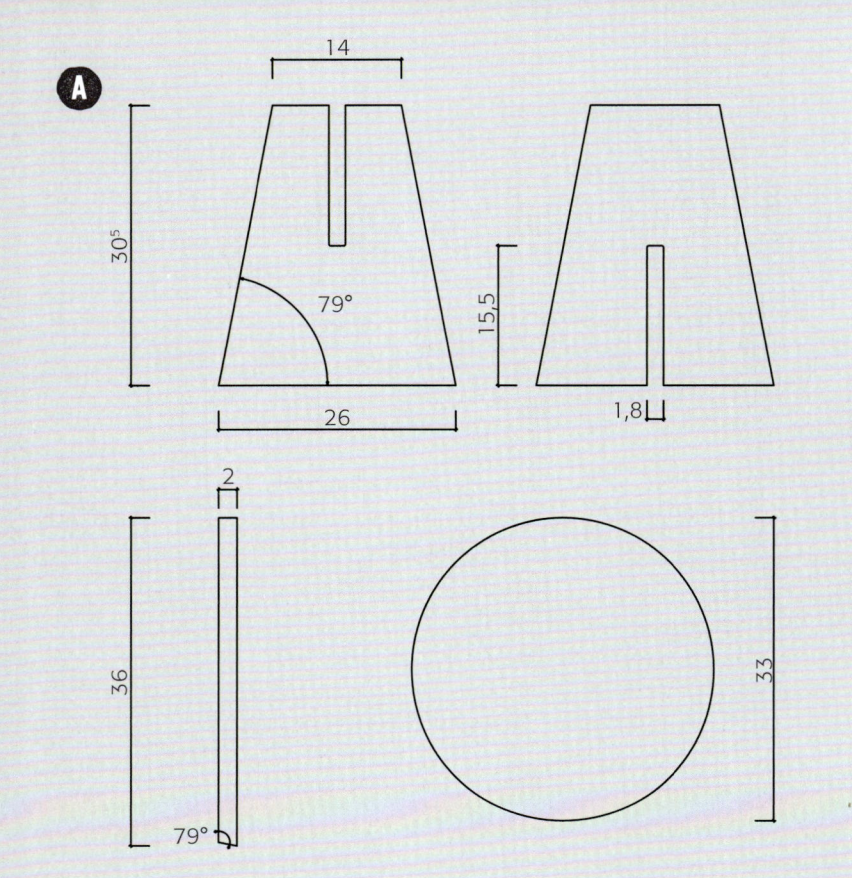

A

14

30⁵

79°

26

15,5

1,8

2

36

79°

33

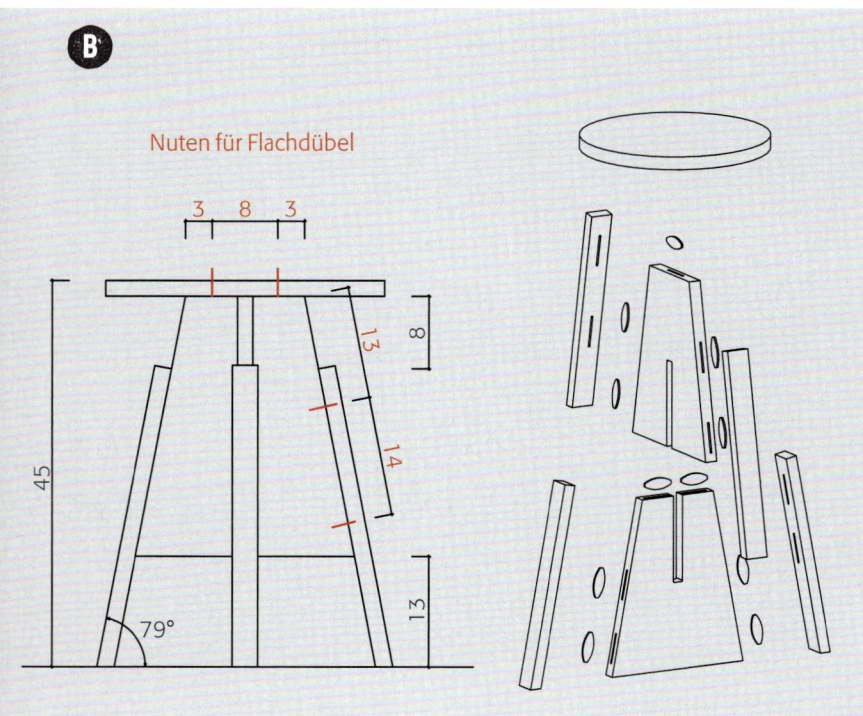

B

Nuten für Flachdübel

3 8 3

8

13

14

45

13

79°

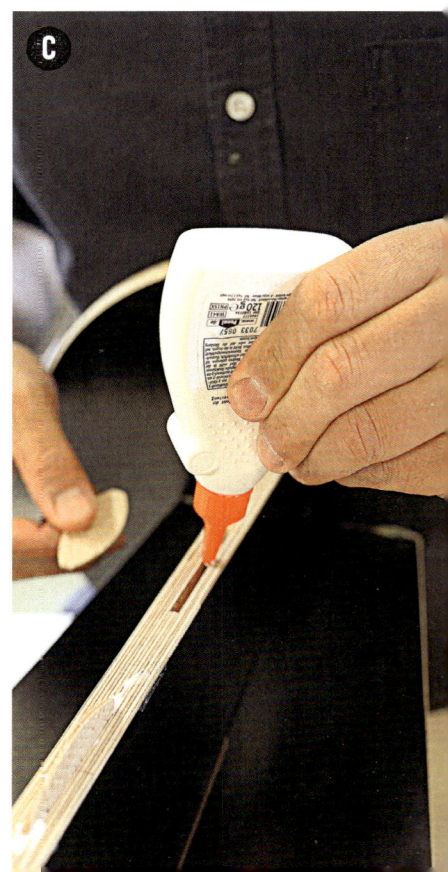

C

WENDEN SÄGEN – WIE MANN'S MACHT

Beim Aussägen mit der Stichsäge stoßen wir gelegentlich auf das Problem, unser Sägeblatt in engen Radien nicht wenden zu können. Da hilft ein zuvor vorgebohrtes Loch an potenziellen Engpässen weiter. In der Regel reicht dazu ein 10- oder 12-Millimeter-Bohrer. So lässt sich an engen Stellen einfach und sauber die Säge in die richtige Richtung stellen.

ANLEITUNG

1. Nachdem die Maße der einzelnen Bauteile **A** mit dem Bleistift auf die Platten übertragen wurden, sägen wir mit der Stichsäge die Konturen aus. Für enge Radien wie bei den beiden Schlitzen bohren wir mit dem Akkuschrauber die entsprechenden Ecken mit einem 10-Millimeter-Bohrer vor.

2. Als Nächstes werden die Kanten mit dem Bandschleifer oder Schleifklotz angefast (S. 24). Ergänzend kann hierfür auch die Kantenfräse zum Einsatz kommen.

3. Mit der Kappsäge längen wir die 4 Beine ab. Die Länge kann je nach Körpergröße variieren, da die Holme beliebig weit über die Streben hinausragen können. In unserem Fall bekommen die bodennahen Seiten einen Winkel von 79°, die oberen Enden werden mit 90° abgesägt **A**. Jedes Bein ist bei unserem Modell nun 36 Zentimeter lang. Danach werden alle Kanten angefast und die Oberflächen geschliffen.

4. Vor der Montage werden mit der Flachdübelfräse 2 jeweils 10 Millimeter tiefe Nuten in jedes Bein und in die Streben gefräst. Für die Verbindung der Sitzplatte fräsen wir ebenfalls Nuten in die oberen Kanten der Streben sowie in die Sitzunterseite **B**. Die Passung aller Teile sollte vor dem Verleimen überprüft werden.

5. Als Erstes stecken wir die beiden Streben ineinander und fixieren die Sitzplatte mit den Flachdübeln. Hier braucht es keinen Leim, die Sitzplatte hält sich selbst und der Hocker kann bei Bedarf zerlegt werden.

6. Die Beine werden mit Leim fixiert **C**. Die Montage ist aufgrund der Schräge etwas knifflig, mit großen Schraubzwingen aber kein Problem **D**.

7. Ist der Leim hart, schleifen wir noch einmal mit einem feinen Schreibpapier über alle Kanten und entfernen überschüssigen Leim.

Tipp: Die Holme aus Buchenholz können gegen Schmutz einfach mit Wachs oder Öl eingelassen werden (S. 65).

DER LEUCHTTISCH
AUS GEFÄRBTEN MDF-PLATTEN

Praktische Beistelltische gibt es in zahlreichen Variationen, Stehlampen auch.
Eine Kombination aus beiden aber dürfte eine Besonderheit Marke Eigenbau sein.

- -

ÜBER DAS PROJEKT

Im Baumarkt gibt es eine große Auswahl an fertigen Leuchten, in unserem Fall haben wir eine
Pendulum-Leuchte von Osram verwendet. Ein ab-
gesetzter Ring an der Fassung bietet genügend
Einbauhöhe, sodass im Fall des Verschüttens
von diversen Flüssigkeiten nichts davon in die
Fassung fließen kann.

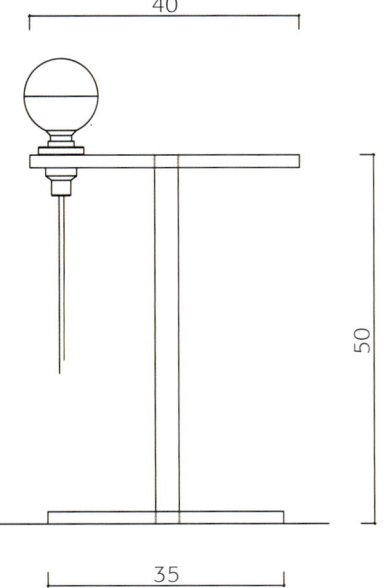

Hier kann man
alle Pläne und
die Materialliste
runterladen

SCHWIERIGKEITSGRAD

MASSE FERTIGES OBJEKT

50 cm Höhe, 40 cm Ø

MATERIALIEN

▶ MDF-Platte schwarz, 19 mm:
  - 1 à 45 × 45 cm (Tischplatte)
  - 1 à 40 × 40 cm (Fußplatte)
▶ 1 Buchen-Rundholz 35 mm Ø, Länge 50 cm
▶ Holzleim
▶ 1 Osram Pendulum-Leuchte
▶ 1 passende Osram-Glühbirne
▶ Schutzkontaktstecker mit offenem Anschluss
▶ optional Schalter

WERKZEUGE

▶ Handwerkerzirkel
▶ Bleistift
▶ Stichsäge
▶ 120er Schleifpapier oder Bandschleifer
▶ optional Kantenfräse
▶ Akkuschrauber
▶ Forstnerbohrer 35 mm Ø
▶ Forstnerbohrer 45 mm Ø oder Holzbohrer
  12 mm und Stichsäge
▶ Hammer
▶ Winkel und Wasserwaage
▶ Phasenprüfer, Kreuz- und Schlitzschrauben-
  zieher (Anschluss Lampe)

ANLEITUNG

1. Zunächst zeichnen wir mit dem Zirkel die Kreise für den Fuß und die Tischplatte 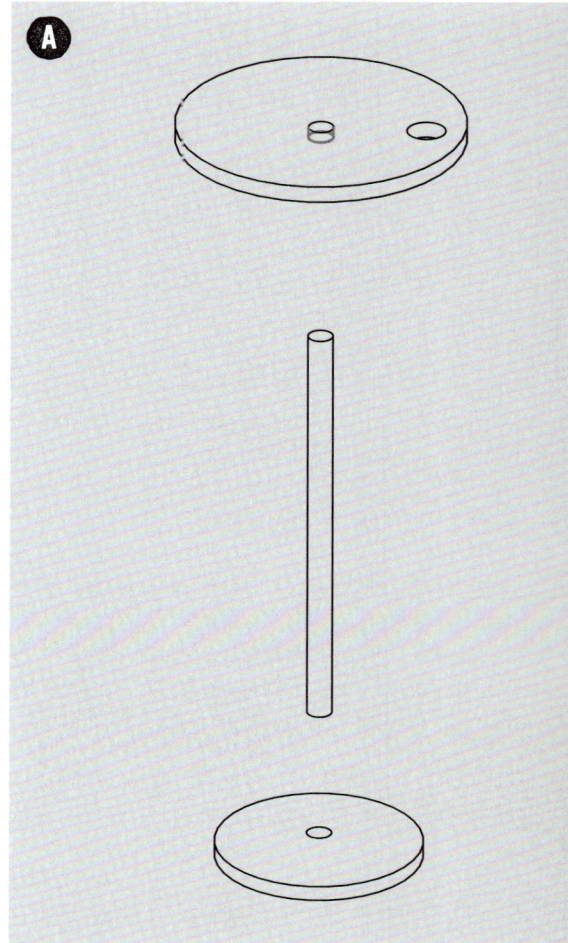 mit 35 und 40 Zentimetern Durchmesser an. Die meisten Handwerker-Zirkel besitzen ein Anreißspitze, mit der wir die Linie öfter einritzen müssen, um beim Ausschneiden mit der Stichsäge die Kontur besser zu sehen.

2. Nach dem Ausschneiden werden die Kanten noch mit dem Bandschleifer oder, falls vorhanden, dem Schleifpapier und der Kantenfräse angefast (S. 24).

3. Als Nächstes bohren wir mit dem 35-Millimeter-Forstnerbohrer die Löcher für den Rundstab **B** in die Mitten der beiden Platten **A**.

4. Das Loch für die Leuchtenfassung **C** kann entweder mit einem 45-Millimeter-Forstnerbohrer gebohrt oder mit der Stichsäge gearbeitet werden. Dazu mit einem 12-Millimeter-Holzbohrer vorbohren, bevor mit der Stichsäge das Loch geschnitten wird.

5. Vor dem Einsetzen des Rundstabs in die Löcher auf deren Innenseiten eine Raupe Leim auftragen. Dann mit dem Hammer und einer Leiste vorsichtig die Platten in Position klopfen **D** und überschüssigen Leim mit einem Tuch entfernen. Mithilfe eines Winkels und der Wasserwage können die Platten exakt zum Rundstab ausgerichtet werden.

6. Zum Schluss wird die Leuchte eingesetzt **E** und anschließend der Schutzkontaktstecker montiert (siehe Technikkasten rechts).

Tipp: Zur einfacheren Handhabung haben wir einen Leitungsschalter in das Kabel installiert. Bei Unkenntnis ist dazu in jedem Fall ein Fachmann zu empfehlen.

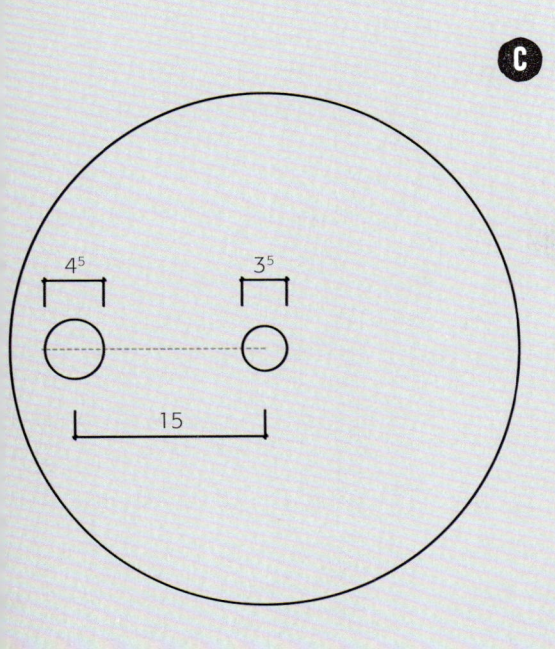

SCHUKO ANSCHLIESSEN –
WIE MANN'S MACHT

Schutzkontaktstecker gibt es in der Elektro-Abteilung des Baumarktes. In der Regel benötigen wir dazu einen schmalen Schlitzschraubenzieher für die Anschlusskontakte und einen Kreuzschlitzschraubenzieher für die sogenannte Zugentlastung. Drehen wir zunächst die Zentralschraube (Verschluss) des Steckers hinaus und öffnen diesen, werden 3 Anschlüsse sichtbar. Diese sind meistens mit den Bezeichnungen L, PE und N versehen. Beim Anschließend gehen wir nach folgendem Schema vor:

• L = schwarze oder braune Leitung
• PE = IMMER gelb/grün!
• N = blau

Sollte keine Bezeichnung auf den Anschlüssen sichtbar sein, ist die mittlere Klemme meistens der PE. Links und rechts davon L und N. Diese beiden Anschlüsse können auch vertauscht werden, technisch kann man da nichts falsch machen.

Zu empfehlen sind nach dem Verbinden der Anschlüsse sogenannte Adernendhülsen, die auf die Adern verpresst werden, (Spezialwerkzeug nötig, siehe Internet). Alternativ die Adernlitzen mit Lötzinn versiegeln.

DAS BLUMENREGAL
À LA RIETVELD AUS BUCHENLEISTEN

*Der rot-blaue Stuhl von Gerrit Rietveld ist ein Design-Ikone.
Passend dazu haben wir dieses Blumenregal entworfen, das neben einer schönen
Zimmerpflanze auch gleich diverse Bücher tragen kann.*

ÜBER DAS PROJEKT

Das Gerüst aus Buchenleisten ist mit Dübeln verbunden, was mit Holzleim eine äußerst stabile Konstruktion ergibt. Das Regal wirkt dadurch leicht und elegant, hält aber einiges aus. Wir brauchen keine großen Geräte und müssen kein schweres Material schleppen. Lediglich ein wenig Präzision beim Zuschneiden und Vorbohren ist nötig, um dieses beeindruckend designte Projekt selbst zu machen.

SCHWIERIGKEITSGRAD

MASSE FERTIGES OBJEKT

40 × 85 × 40 cm (B/H/T)

MATERIALIEN

▶ Buchenleiste 2 × 2 cm:
  - 8 à Länge 40 cm (Rahmen)
  - 4 à Länge 85 cm (Gerüst)
▶ 16 × Buchen-Rundstab 1,2 cm Ø,
  Länge 3 cm (Dübel)
▶ 2 × MDF-Platte schwarz, 19 mm,
  Maße 36 × 28 cm (Böden)

WERKZEUGE

▶ Säge mit Sägelehre, am besten Japan-
  oder Kappsäge
▶ Akkuschrauber
▶ Holzbohrer 12 mm
▶ 120er Schleifpapier oder Bandschleifer
▶ Holzleim
▶ mindestens 4 Spannzwingen

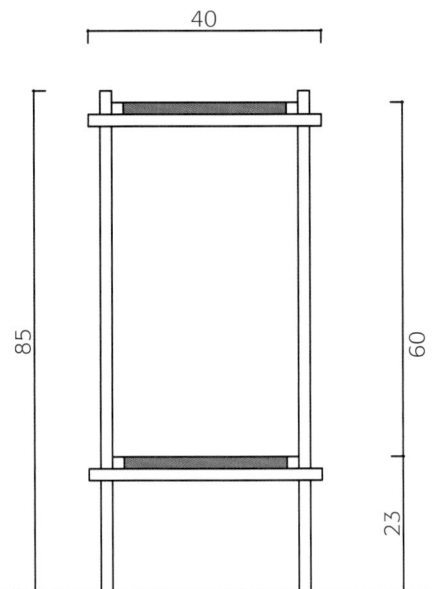

Hier kann man
alle Pläne und
die Materialliste
runterladen

ANLEITUNG

1. Nach dem Zuschneiden der Leisten bohren wir mit dem Holzbohrer die 1,5 Zentimeter tiefen Löcher für die Dübel vor **A**.

2. Alle Kanten und Flächen für eine edle Optik mit feinem Schleifpapier oder dem Bandschleifer glätten.

3. Nun werden 2 quadratische Rahmen aus jeweils 4 kurzen Leisten mit den Buchendübeln und etwas Leim verbunden. Sie halten später die beiden Böden. Diese liegen auf den 2 niedrigeren Leisten auf, die beiden oberen Leisten fixieren sie. Um eine exakte 90°-Verbindung zu schaffen, können die Böden (grau markiert in **C**) zusätzlich als Hilfe eingespannt werden.

4. Ist der Leim hart, montieren wir die Standleisten (**B** und **D**). Hierzu empfiehlt es sich, jeweils 2 Seiten gleichzeitig zu verleimen.

5. Zum Schluss fixieren wir die Böden mit ein paar Tropfen Leim auf den jeweils unteren Leisten beider Rahmen.

Tipp: Filz- oder Korkaufkleber an den Füßen sorgen dafür, dass das Regal verschoben werden kann, ohne den Boden zu verkratzen.

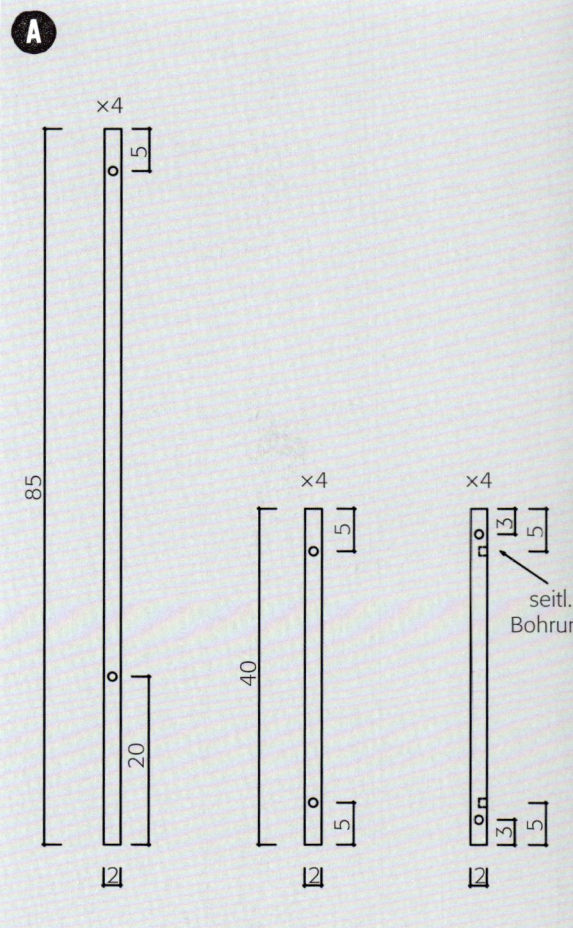

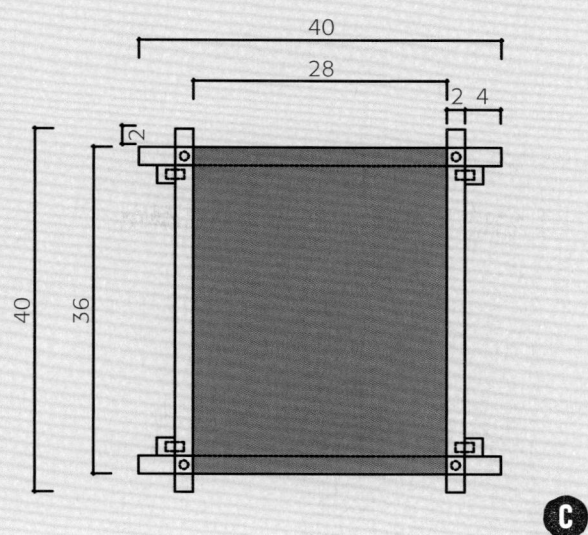

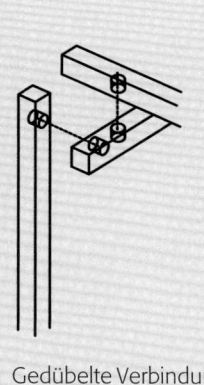

Gedübelte Verbindung

C

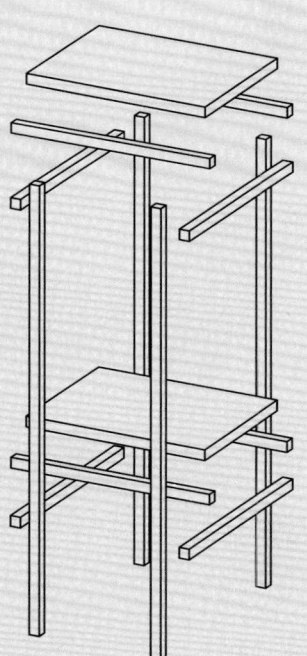

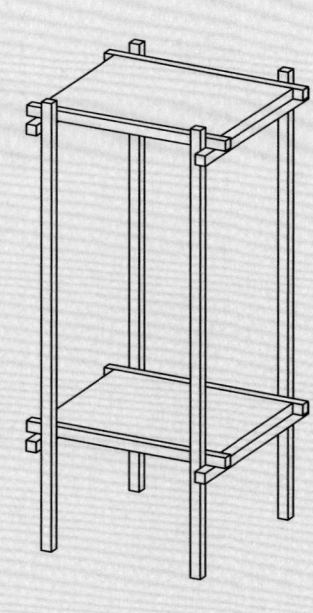

D

OBERFLÄCHENSCHUTZ MIT WACHS –
WIE MANN'S MACHT

Holzoberflächen quellen auf, werden unansehnlich und verfärben sich, wenn sie ungeschützt mit Wasser in Berührung kommen. Eine Versiegelung mit handelsüblichem Möbelwachs schafft Abhilfe und sorgt für sattere Farben: Dazu das Wachs mit einem Tuch auftragen, etwa 20 Minuten einziehen lassen und überschüssiges Wachs mit dem Tuch entfernen.

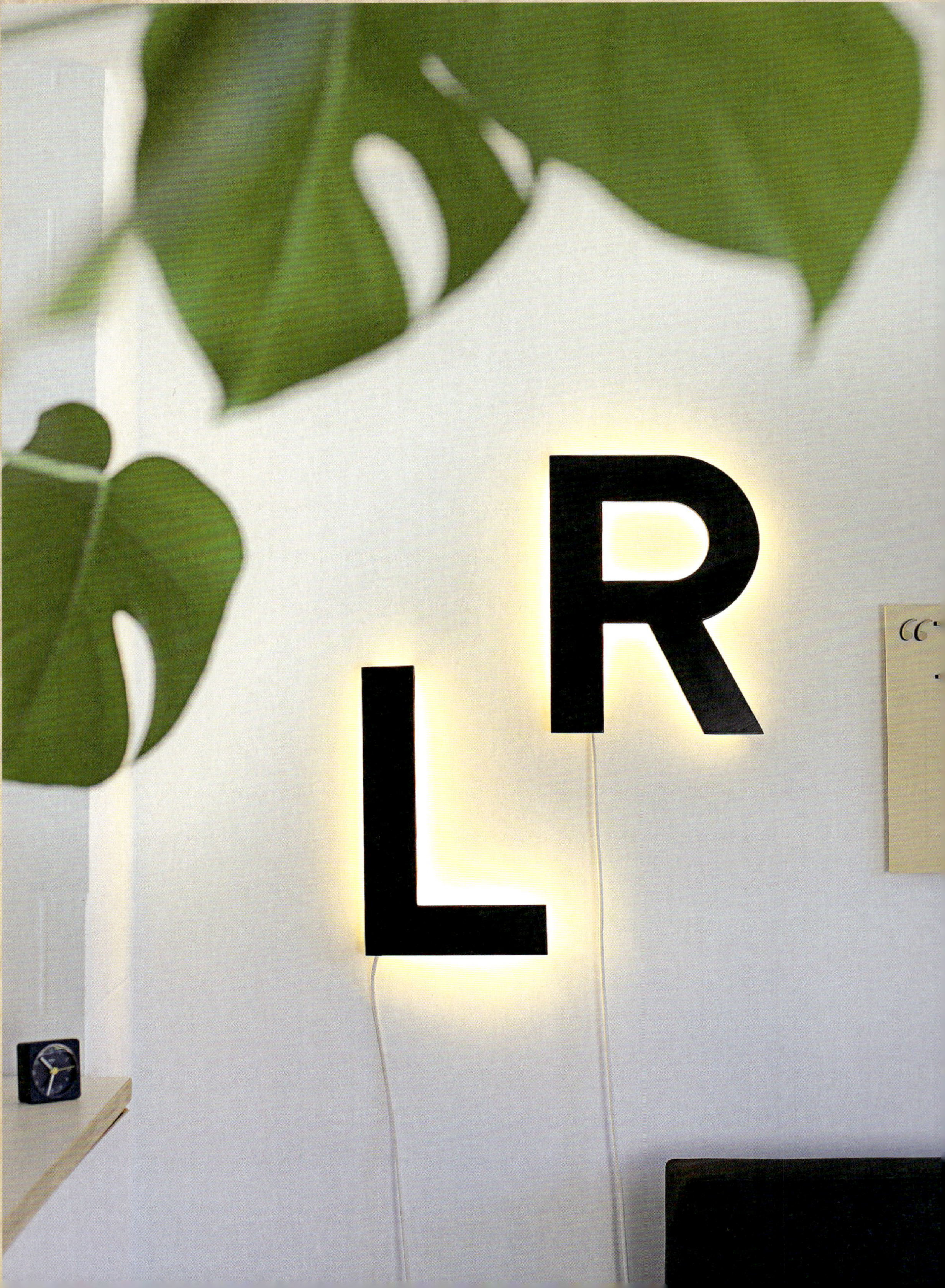
R
L

DIE LEUCHTSCHRIFT
AUS SPERRHOLZ MIT LED

*Leuchtende Buchstaben kennen wir aus unzähligen Beispielen für Reklame aller Art.
Das hat uns inspiriert, Leuchten mit den eigenen Initialen zu entwerfen.*

ÜBER DAS PROJEKT

Sie können jeden beliebigen Buchstaben am PC gestalten und ausdrucken. Die Typo sollte etwa 35 × 26 Zentimeter groß sein und eine Strichstärke von maximal 5 bis 6 Zentimetern haben, damit das Licht optimal hinter der Typo hervorleuchten kann: Ein Abstand zu den Rändern von circa 2 Zentimetern ist für eine schöne Streuung des Lichtes optimal.

SCHWIERIGKEITSGRAD

MASSE FERTIGES OBJEKT

ca. 35 × 26 cm pro Buchstabe

MATERIALIEN

- ▶ Sperrholzplatte unbeschichtet, 8 mm:
  - 1 à 25 × 40 cm (L)
  - 1 à 30 × 40 cm (R)
- ▶ 7 × Rundstab 1,2 cm Ø, Länge 2 cm
- ▶ Holzleim
- ▶ LED-Strips 12 V, ca. 1,5 m
- ▶ Kabel 2-adrig 2 × 0,75 qmm Ø, Länge ca. 300 cm
- ▶ LED-Netzteil 12 V, max. 40 W
- ▶ Acryl-Sprühfarbe nach Wunsch

WERKZEUGE

- ▶ Lineal
- ▶ Bleistift
- ▶ Stichsäge
- ▶ 120er Schleifpapier
- ▶ Forstnerbohrer oder Holzbohrer 12 mm
- ▶ ggf. Mini-Leimzwingen
- ▶ Seitenschneider
- ▶ Lötkolben + Lötzinn
- ▶ Kabelbinder

Hier kann man
alle Pläne und
die Materialliste
runterladen

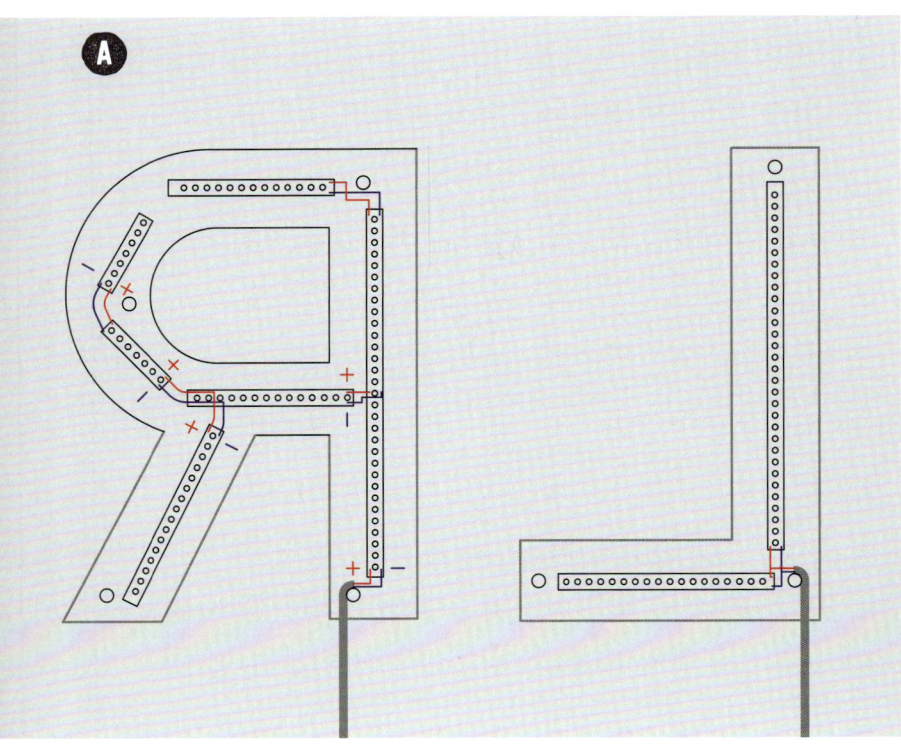

LÖTEN – WIE MANN'S MACHT

Beim Löten ist die Temperatur des Lötkolbens entscheidend für die Qualität der Lötstelle.

Ist er zu kalt, wird das Zinn nicht ausreichend flüssig. Ist er zu heiß, verbrennt das Flussmittel im Lötzinn und die Verbindung kann brüchig werden. Wichtig ist, dass an beiden Stellen, die verbunden werden, genügend Hitze umgeführt wird. Ein Lötkolben mit regelbarer Temperatur ist deshalb für verschiedene Zinn- und Materialstärken von Vorteil.

ANLEITUNG

1. Zunächst zeichnen wir uns den gewünschten Buchstaben auf die Holzplatte und sägen diesen mit der Stichsäge aus. Anschließend schleifen wir die Kanten.

2. Nun markieren wir uns die Bohrungen für die Abstandhalter (runde Markierungen **A**). Mit dem Forstnerbohrer oder dem Holzbohrer bohren wir 3 bis 5 Millimeter tiefe Löcher. Wir geben in jede Bohrung etwas Leim und setzen die Rundhölzer ein **B**. Trocknen lassen.

3. Nun bringen wir die Technik an: LED-Streifen können in der Regel alle 5 Zentimeter geschnitten werden. Wir legen uns dazu die Leuchtmittel auf den Buchstaben, schneiden uns mit dem Seitenschneider die richtige Länge zu und kleben sie anschließend fest: Die Pole sollten zueinander passen, also +/+ und –/– **A**.

4. Nun werden die LED-Streifen mithilfe des Lötkolbens mit den zweiadrigen Kabeln verbunden. Wir schalten die einzelnen Module parallel, indem wir jeweils den Plus-Pol mit dem Plus-Pol des weiteren Moduls verlöten **B**. Das Gleiche geschieht mit den Minus-Polen. Eine Beschriftung der Anschlüsse ist bei den meisten LED-Streifen Standard, so ist eine Verwechselung fast ausgeschlossen. Keine Angst, sollte doch eine Verbindung nicht passen, bleibt das Modul einfach nur dunkel.

5. Als Letztes löten wir mit den zweiadrigen Kabeln die Zuleitung an **C**. Diese wird anschließend mit der Sekundärseite (Output 12 V DC) des Netzteils verbunden (S. 60). Sollte das Netzteil keine Zuleitung auf der Primärseite (Input 230 V) besitzen, gibt es diese auch im Baumarkt bereits vorgefertigt mit Schalter. Achtung! Im Zweifel einen Fachmann hinzuziehen.

6. Zum Schluss wird die Zuleitung mit Kabelbindern an den Rundhölzern fixiert **A** und somit von Zugkräften entlastet. Einfach aufstellen, mit doppelseitigem Klebeband an die Wand kleben oder wie ein Bild aufhängen.

Tipp: Unsere Typo-Leuchten haben wir zum Schluss noch mit Sprühlack lackiert!

DER COUCHTISCH
AUS SPERRHOLZ

Mein Haus, mein Auto, mein selbst gebauter Wohnzimmertisch! Dieses handwerkliche Meisterstück für echte Könner stellt alle käuflichen Statussymbole in den Schatten und bietet viel Platz für Zeitschriften, Fernbedienungen und müde Männerbeine.

- -

ÜBER DAS PROJEKT

Für den Wohnzimmertisch im Baushausstil brauchen wir etwas handwerkliche Erfahrung, denn er wird auf Gehrung verleimt. Das macht ihn stabil und zum echten Schmuckstück. Dank der schlichten Formen können alle Platten passgenau im Baumarkt zugeschnitten werden! Als Lohn für genaues Arbeiten erwartet uns ordentlich Platz im Wohnzimmer, denn neben der zeitlosen Form gibt es auch viel Stauraum für allerlei Dinge.

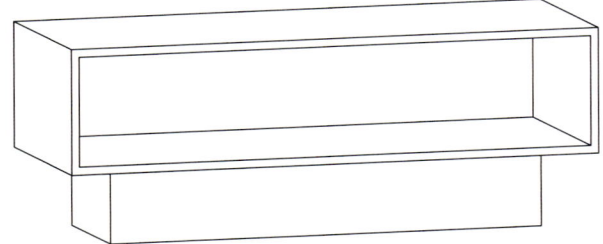

Hier kann man alle Pläne und die Materialliste runterladen

SCHWIERIGKEITSGRAD

MASSE FERTIGES OBJEKT

110 × 40 × 42 cm (B/H/T)

MATERIALIEN

- ▶ Sperrholzplatte unbeschichtet, 18 mm:
  - 2 à 110 × 42 cm (Deckel und Boden Korpus)
  - 2 à 42 × 25 cm (Seiten Korpus)
- ▶ Sperrholzplatte beschichtet, 18 mm:
  - 2 à 28 × 15 cm (Seiten Sockel)
  - 2 à 90 × 15 cm (Fronten Sockel)
- ▶ 16 20er Flachdübel
- ▶ Holzleim

WERKZEUGE

- ▶ Handkreissäge mit Führungsschiene oder Kapp-Zugsäge
- ▶ Bleistift
- ▶ Lineal
- ▶ Flachdübelfräse
- ▶ 2 Spanngurte oder Spannzwingen
- ▶ Kantenfräse und Oberfräse
- ▶ Schleifklotz 120er und 180er Schleifpapier

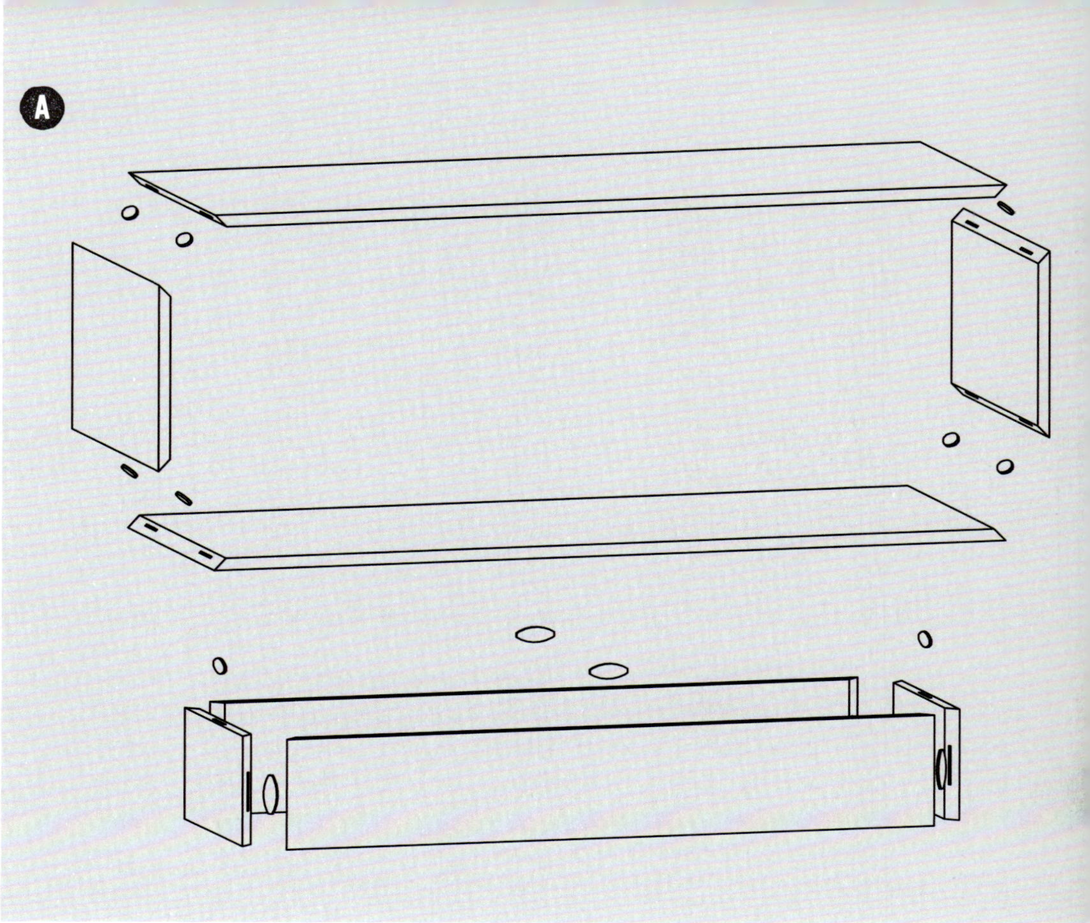

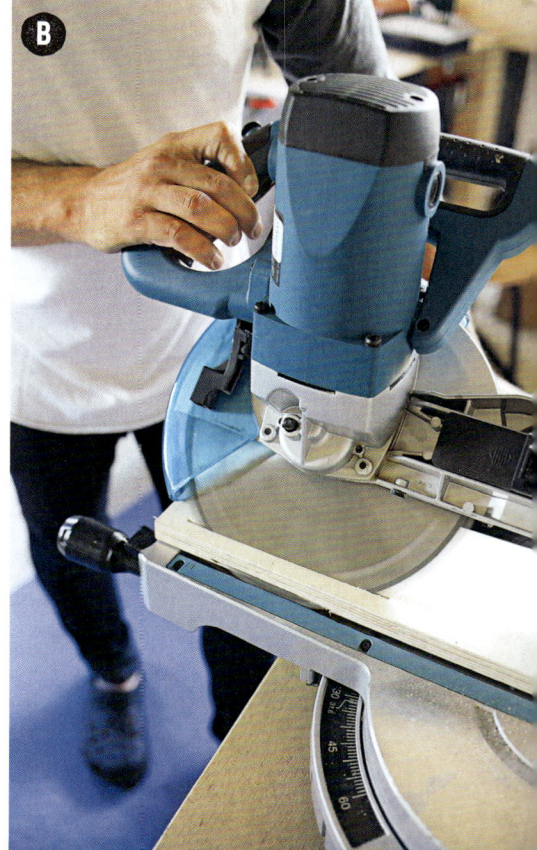

A

GEHRUNGEN SCHNEIDEN –
WIE MANN'S MACHT

Eine Gehrung ist in erster Linie der visuell schönere Bauteil-Anschluss. Beide Anschlussflächen sind gleich groß, in Verbindung mit Flachdübeln und Leim eine äußerst stabile Verbindung. Bei einer 45°-Gehrung übernimmt die Diagonale eine aussteifende Rolle. Gehrungen schneidet man am besten mit einem Anschlag oder einer Führung, egal ob mit der Hand oder elektrisch. Kappsägen erzielen dabei die besten Ergebnisse und haben ihren Einsatz hauptsächlich bei Leisten und Brettern. Für längere Strecken kommt eine Handkreissäge mit Führungsschiene oder eine Tischkreissäge zum Einsatz. Gehrungen exakt zu schneiden erfordert etwas Übung und Geschick. Anfänger sollten alle Teile zur Sicherheit etwas länger kaufen.

B

ANLEITUNG

1. Für die Verleimung auf Gehrung müssen wir zunächst mit der Kreissäge die erforderlichen Kanten mit einem 45°-Schnitt versehen (siehe Plan **A**): bei den Bauteilen für den Korpus alle 42 Zentimeter langen Kanten, bei den Teilen für den Sockel alle 15 Zentimeter langen Kanten. Dazu empfiehlt sich eine Handkreissäge mit Führungsschiene oder eine Kapp-Zugsäge **B**.

2. Nun kommt die Flachdübelfräse zum Einsatz: Um eine stabile Verleimung zu gewährleisten, markieren wir uns die Stellen auf der Gehrung, an denen wir die Flachdübel einsetzen **A**. Beim Fräsen der Nuten für die Flachdübel nur so tief wie nötig fräsen, damit wir nicht die Oberfläche durchstoßen. An der Fräse kann die 45°-Neigung eingestellt werden **C** + **D**. Die Verbindungsstellen für Korpus und Sockel fräsen wir später.

3. Ist dieser Schritt geschehen, kann die Passung der Gehrungen ohne Leim getestet werden: dazu die Platten ohne Leim zusammenstecken. ☞

»FRÄSE AUS – FÜSSE HOCH«

HIER GEHT'S WEITER

4. Beim Leimen bestreichen wir die 45°-Schnitt-kanten der Gehrungen sowie die Flachdübel mit genügend Leim und stecken alle 4 Seiten eines Moduls zusammen **E**. Um die Teile in der richtigen Position zu fixieren und ausrei-chend Druck auszuüben, 2 Spanngurte um den Korpus schlingen. **F**

5. Sind beide Module (Sockel und Tischkorpus) verleimt, fasen wir mit der Kanten- oder Ober-fräse die Kanten der Werkstücke an.

6. Nun markieren wir die Stellen für die Flach-dübelkerben, mit denen Korpus und Sockel verbunden werden. Es sollte bedacht werden, dass der Sockel genau mittig unter dem Kor-pus positioniert wird **G**. Also genau messen. Anschließend fräsen wir die Nuten.

7. Sind beide Module miteinander verleimt, ist der Tisch so gut wie fertig, mit dem Schleif-papier bearbeiten wir abschließend die Ober-flächen der Platten und Kanten des Korpus.

Tipp: Für die Versiegelung der Kanten und Flächen kann mit Wachs und einem Schleifvlies gearbeitet werden. Hierzu das Wachs auftragen, einziehen lassen und anschließend mit dem Vlies polieren. Sieht gut aus und schützt das Holz vor Feuchtigkeit.

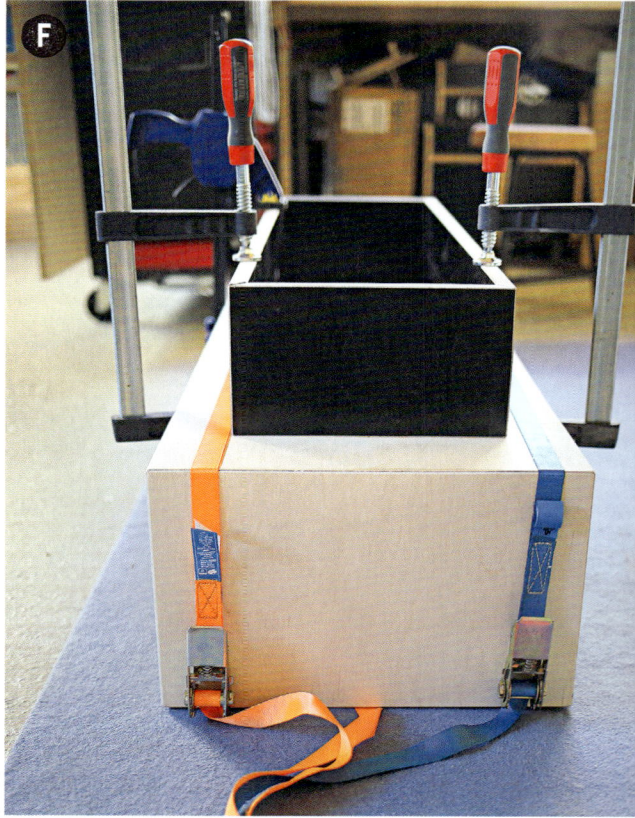

FLACHDÜBELVERBINDUNGEN –
WIE MANN'S MACHT II

Die Verbindung von Bauteilen mit Flachdübeln ist stabil und unsichtbar. Dabei kommt eine spezielle Fräse zum Einsatz, die eine dem Dübelmaß entsprechende Nut ins Holz schneidet. In Längsrichtung lässt sich die Position der Bauteile dann noch etwas korrigieren. Die Flachdübel sind oval und 3 bis 4 Millimeter dick. Ihre Oberfläche ist perforiert, damit sie den Leim gut aufnehmen können. Die Standardgrößen 10 und 20 entsprechen einer Breite von 19 bzw. 23 und einer Länge von 50 bzw. 56 Millimetern. Flachdübelfräsen verfügen über allerlei Einstellmöglichkeiten und Anschläge, sodass auch das Herstellen von Gehrungsverbindungen kein Problem ist. Die Fräse selbst taucht immer im 90°-Winkel ins Holz ein. Ein Tiefenanschlag garantiert eine optimale Nuttiefe.

DIE STABLEUCHTE
MOBILE STANDLEUCHTE AUS HOLZ

*Diese energiesparende Stehleuchte aus Holz mit ihrer winzigen Standfläche
ist so mobil und schlank, dass sie sich in nahezu jede Ecke positionieren lässt.
Hauptsache, es gibt eine Wand zum Anlehnen.*

ANLEITUNG

1. Mit der Handsäge sägen wir das untere Ende der Leiste in einem
Winkel von 7° bis 10° ab.

2. Mit dem Schleifpapier entschärfen wir die Kanten und runden
die Ecken. In unserem Fall haben wir den Stab vor der Montage
der Röhre noch mit Sprühfarbe lackiert.

3. Als Nächstes montieren wir die LED-Röhre. Bei den meisten
Modellen sind Klammern zur Montage mit in der Packung.
Diese befestigen wir nun mit dem Akkuschrauber oder dem
Schraubendreher an der Leiste, je nach Wunsch mittig, höher
oder auch niedriger. Damit das Holz sicher nicht platzt, bohren
wir passende Löcher vor. Notfalls kann auch mit geeignetem
Montagekleber gearbeitet werden.

4. Zum Schluss stecken wir noch die Zuleitung an. Wer das Kabel
fest verlegen möchte, befestigt schmale Kabelkanäle oder arbeitet mit Nagelschellen.

Tipp: Bei glatten Böden sorgt ein Stück selbst-
klebender Moosgummi an der Unterseite des
Stabs für mehr Haftung.

SCHWIERIGKEITSGRAD

MASSE FERTIGES OBJEKT
Höhe 200 cm

MATERIALIEN
▶ 1 Holzleiste 3 × 2 cm,
   Länge 200 cm
▶ Acryl-Sprühlack nach
   Wunsch (optional)
▶ 1 T5-LED-Röhre 90 cm
   (erhältlich bei ebay)

WERKZEUGE
▶ Geodreieck
▶ Bleistift
▶ Handsäge
▶ 120er Schleifpapier
▶ Akkuschrauber oder
   Schraubenzieher
▶ Holzbohrer 2 mm

Hier kann man
alle Pläne und
die Materialliste
runterladen

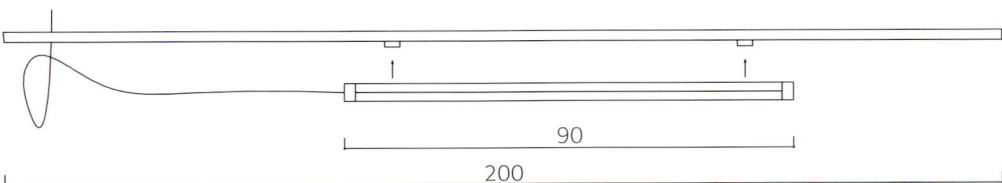

DER SEKRETÄR
AUS SPERRHOLZ

Die modern-minimalistische Variante des Schreibtischklassikers braucht wenig Platz, bietet aber genügend Ablage für den Laptop und allerlei Papier. Der Sekretär hat darüber hinaus eine flexibel einstellbare Beleuchtung über der Arbeitsfläche.

ÜBER DAS PROJEKT

Einen Sekretär selber bauen? Geht ganz einfach. Dieses auf das Wesentliche reduzierte Modell kann alles, worauf es ankommt, und sieht dabei unaufdringlich und elegant aus. Dank der schlichten Formen können alle Platten passgenau im Baumarkt zugeschnitten werden! Die Herausforderung liegt in der hochwertigen Verarbeitung: Alle Teile werden auf Gehrung verleimt.

Die drehbare Stange stabilisiert das Projekt nicht nur genial einfach, sie sorgt für grenzenlos einstellbares Licht. Schwierig ist das Projekt dabei nicht. Alle Teile kann man im Baumarkt zuschneiden lassen.

Hier kann man
alle Pläne und
die Materialliste
runterladen

SCHWIERIGKEITSGRAD

MASSE FERTIGES OBJEKT

103 × 165 × 85 cm (B/H/T)

MATERIALIEN

▶ 4 Buchenleisten 2 × 3 cm, Länge 170 cm (Beine)
▶ Sperrholzplatte unbeschichtet 18 mm:
  - 1 à 60 × 100 cm (Tischplatte)
  - 1 à 50 × 100 cm (Rückplatte)
▶ 1 Rundstab Buche Ø 2,5 cm, Länge 120 cm (Querstrebe)
▶ 10 Holzschrauben 4 × 35 mm
▶ Fassung und Leuchtmittel Osram Pendulum
▶ Kabeldurchlass für Möbel 68 mm Ø

WERKZEUGE

▶ Bleistift
▶ Geodreieck
▶ Zollstock
▶ Kappsäge
▶ Akkuschrauber
▶ Holzbohrer 3 mm
▶ Forstnerbohrer 25 mm
▶ Lochsäge 68 mm oder Stichsäge
▶ Kantenfräse
▶ 120er Schleifpapier
▶ Handkreissäge

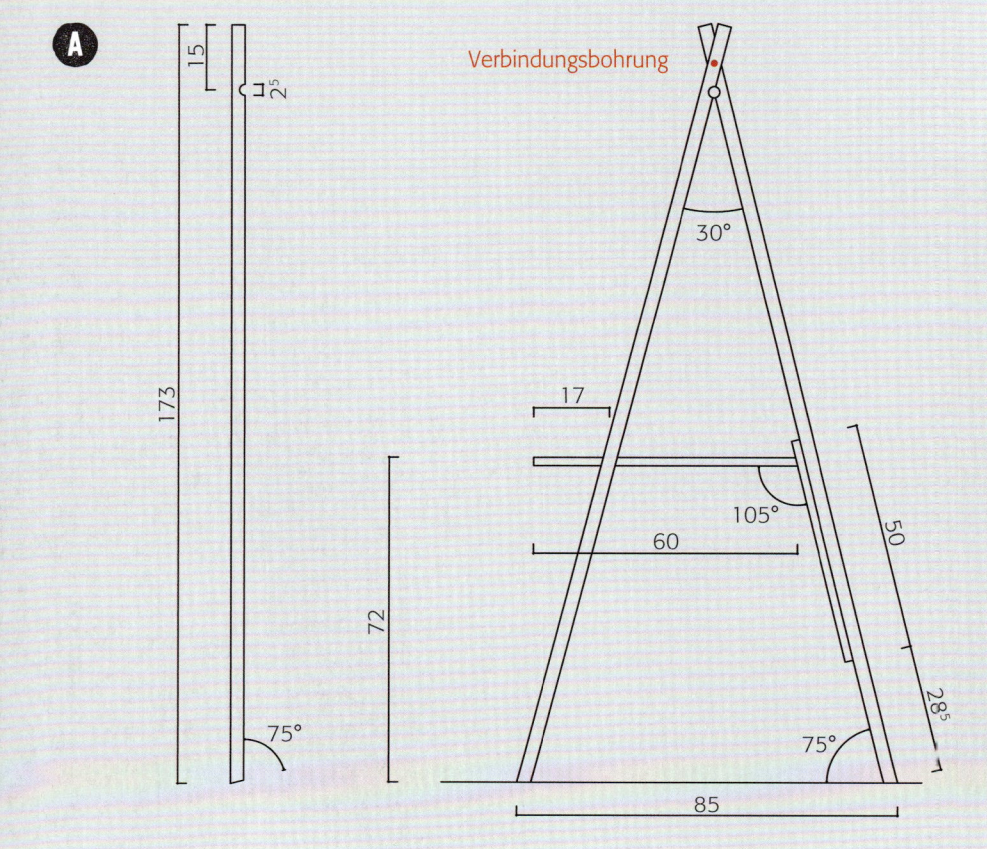

A

15

2⁵

173

Verbindungsbohrung

30°

17

105°

50

60

72

75°

28⁵

75°

85

B

C

ANLEITUNG

1. Als Erstes schneiden wir mit der Kappsäge alle 4 Stützen in einem Winkel von 15° ab **A**.

2. Anschließend bohren wir mit dem Forstnerbohrer die Löcher **A** für die Querstange. Dazu legen wir jeweils 2 Stützen genau aneinander (breite Seiten liegen auf, Schrägen weisen zueinander) und fixieren sie mit einer Zwinge. Wir bohren im Abstand von 15 Zentimetern von oben gemessen bis zum Mittelpunkt des Lochs genau in der Mitte der beiden Stangen ein Loch mit 25 Millimeter Ø, sodass jede Stange eine halbe Bohrung besitzt **B**.

3. Wenn wir nun jeweils 2 Stützen überlappend aufeinander legen, ergeben die halben Bohrungen das Loch, in das wir nun die 25-Millimeter-Stange schieben können **C**. Die hinteren Stützen sind am Ende die innen liegenden. Die Stützen um 30° **A** auseinanderspreizen und in dieser Position von innen mit jeweils 1 Schraube fixieren. Vorbohren nicht vergessen.

4. Zum Aufstellen des Gestells die Stange einlegen. Die Schrauben, mit denen die Füße verbunden sind, zeigen nach innen. Der Abstand zwischen den Außenkanten der hinteren Streben beträgt 1 Meter. Zur Stabilisierung helfen vorübergehend Zwingen, da die Aussteifung des Gestells erst über die Montage von Tisch- und Rückwandplatte geschieht.

5. Als Nächstes werden alle Kanten der Rückplatte mit der Kantenfräse **D** oder einem Stück Schleifpapier angefast (S. 24). Bei der Tischplatte werden alle Kanten bis auf die rückwärtige 1-Meter-Kante ebenso bearbeitet. Diese wird später mit der Rückplatte verbunden.

6. Mit der Kreissäge schneiden wir einen Winkel von 15° an die rückseitige 1-Meter-Kante der Tischplatte. ☞

HIER GEHT'S WEITER

7. Zusätzlich haben wir unseren Sekretär mithilfe einer Lochsäge mit einem Kabeldurchlass versehen **F**. Alternativ mit der Stichsäge arbeiten. Den Kunststoffeinsatz gibt es in jedem Baumarkt.

8. Die Rückwandplatte wird so mit der Tischplatte verbunden, dass sie 5 Zentimeter über sie hinausragt **E**. Mit je 1 Schraube an den äußeren Enden von hinten fixieren.

9. Für die Montage der Platten am Gestell sind 4 Zwingen und eine zweite Person hilfreich. Bevor wir im ersten Schritt die Rückplatte montieren, befestigen wir an den vorderen Stützen in einer Höhe von circa 70 Zentimetern 2 Zwingen, auf die wir die Tischplatte ablegen können **G**. Jetzt befestigen wir die Rückwand-Platte mit 2 Zwingen an die beiden rückseitigen Stützen **H**. Die Platte schließt mit deren Außenkanten ab und wird an den 4 Ecken mit 4 Schrauben von hinten an die Stützen befestigt **I**. Vorbohren nicht vergessen. Anschließend verschrauben wir die beiden vorderen Stützen mit je 1 Schraube seitlich mit der Tischplatte.

10. Für die Beleuchtung haben wir eine einfache Fassung um die Stange gewickelt **J**. Durch Drehen der Stange kann die Birne in der Höhe verstellt werden. Alternativ kann auch eine LED-Röhre befestigt werden. Da die Stange drehbar ist, kann der Winkel des Lichteinfalls stufenlos verstellt werden.

Tipp: Um die Schreibtischplatte vor Tinte und anderen Verschmutzungen zu schützen, kann sie mit farblosem oder buntem Acryl-Sprühlack oder Möbelwachs versiegelt werden.

DAS BRIEFGEWICHT
AUS RESTMETALL

Wir päsentieren: eine schicke Bastelarbeit für echte Könner. Wo die kreative Damenwelt gerne zu Papier und Schere greift, wagen wir uns an dicke Metallreste, Sägen und Feilen – für einen Briefbeschwerer.

ÜBER DAS PROJEKT

Dieses Projekt erfordert etwas Präzision und Fleißarbeit, aber weder eine Schmiede noch besondere Vorkenntnisse. Das Sägen von filigranen Konturen aus dem harten Material und das mehrstufige Polieren fordert und fördert unsere Fingerfertigkeit. Heraus kommt ein glänzendes Schmuckstück fürs Büro. Auch als Geschenk wunderbar geeignet.

 Hier kann man Buchstabenvorlagen und die Materialliste herunterladen.

METALL SÄGEN – WIE MANN'S MACHT

Wer Metall mit der Hand sägen möchte, benutzt dazu am besten eine Metall-Bügelsäge. Das spezielle Sägeblatt besitzt kleinere und dichter angeordnete Zähne. Für die Stichsäge und auch die Laubsäge gibt es ebenfalls Metallsägeblätter. Je nach Stärke und Materialbeschaffenheit ist bei elektrischen Sägen die Hubzahl der Säge entscheidend für die Qualität des Schnitts. Je dicker, desto weniger Hübe.

SCHWIERIGKEITSGRAD

MASSE FERTIGES OBJEKT

ca. 5 × 5 cm

MATERIALIEN

▶ kleine Eisen-, Messing- oder Aluminiumgrobbleche mit einer Mindestdicke von 4 mm aufwärts, ca. 7 × 7 cm (vom Wertstoffhof oder Schrotthändler)

WERKZEUGE

▶ Papier
▶ Schere
▶ Tesafilm
▶ Anreißnadel oder Folienstift
▶ Standbohrmaschine (notfalls starker Akkuschrauber)
▶ Metallbohrer 3 mm
▶ Schraubstock
▶ Metall-Bügelsäge
▶ Laubsäge mit Metall-Sägeblatt
▶ Schlüssel- und andere Feilen, fein bis sehr fein
▶ Schleifpapier 220er und feiner

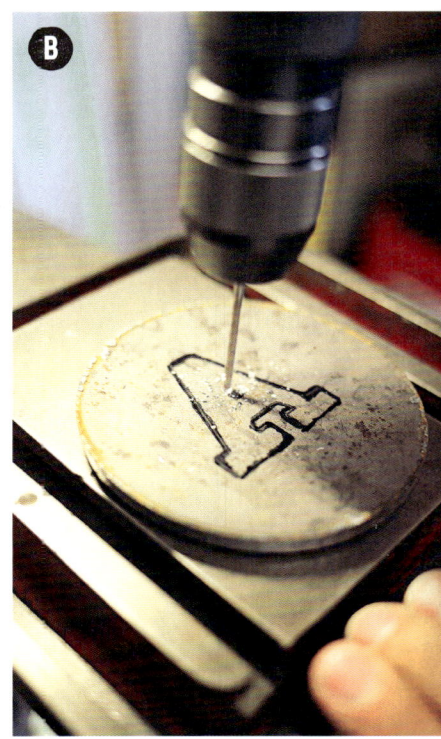

METALL AUFARBEITEN – WIE MANN'S MACHT

Feilen und Schleifpapiere sind für uns unverzichtbar geworden. Für sämtliche Bearbeitungsformen und Materialien gibt es Modelle in verschiedenen Preis-und Qualitätsklassen. Generell gilt: Je gröber die Körnung oder der Feilenschliff, desto grober wird das Material bearbeitet, egal ob Holz oder Metall. Das beginnt beispielsweise bei Holz mit einer Raspel und endet bei Metall mit sehr feinen Schlüsselfeilen. Man arbeitet je nach Ziel immer feiner, bis man schließlich für Hochglanzoberflächen beim Polieren, der feinsten Bearbeitungsform, ankommt: Sogenannte Polier- oder Schleifvliese ergeben sensationellen Glanz. Spezielle Polierwatte, die zusätzlich in Öl getränkt ist, poliert perfekt Bauteile von Motorrad oder Oldtimer.

Um die Oberflächen vor Oxidation, also dem Ermatten, zu schützen, sollten wir sie immer wieder polieren und pflegen. Zur dauerhaften Konservierung schützt eine Lackoberfläche am besten.

ANLEITUNG

1. Den Anfangsbuchstaben des Freundes oder den Namen der Liebsten in einem Textbearbeitungsprogramm oder von Hand so gestalten, dass er sich gut aussägen lässt. Eine Größe von 5 Zentimetern sollte er schon haben. Dabei darauf achten, dass die Stege der oder des Buchstaben nicht zu dünn geraten.

2. Die Vorlage ausschneiden und mit etwas Tesafilm auf das Stück Metall fixieren. Mit einer Anreißnadel oder einem Folienstift übertragen wir die Konturen auf das Metall und entfernen danach die Schablone **A**.

3. In den Eckpunkten des Buchstaben, also überall, wo die Säge scharf die Richtung ändern muss, bohren wir mit der Standbohrmaschine und dem 3-Millimeter-Metallbohrer Löcher **B**. Das gewährleistet harmonische Übergänge und erleichtert das Arbeiten mit dem empfindlichen Laubsägeblatt.

4. Das Metallstück zum Aussägen in einen Schraubstock einspannen oder mit einer Zwinge an der Arbeitsplatte fixieren **C**. Innenbereiche eines Buchstabens wie beispielsweise die Punze in unserem »A« bearbeiten wir zuerst. Das Werkstück ist dann noch größer und gibt uns mehr Möglichkeiten, es einzuspannen. Anschließend die Außenkonturen aussägen.

5. Die Oberflächen und Kanten des Metallteils nun mit einer mittelfeinen Feile von Riefen befreien. Nach und nach feinere Feilen einsetzen **D**.

6. Das Finish gestallten wir mit einem 220er oder noch feineren Schleifpapier. Dazu das Schleifpapier auf eine glatte Fläche legen und den Buchstaben in kreisförmigen Bewegungen ohne großen Druck darauf bewegen. Wer eine Schleifmaschine (Bandschleifer) hat, kann natürlich auch die verwenden **E**. Für Hochglanz greifen wir zu Schleifvlies.

KOCH KULTUR

KREATIVER RAUM FÜR KÜCHENHELFER MIT EINEM GRENZENLOSEN MODULREGAL, ARBEITSHILFEN UND DER UNSCHLAGBAREN SCHLAGZEUGBAR.

DAS WENDEBRETT
AUS FICHTENHOLZ MIT BRÖSELFALLE

Was nützt das beste Messer ohne ein gutes Schneidebrett?
Dieses selbst gebaute Modell trumpft mit diversen Fähigkeiten in jeder Küche auf und
hinterlässt bleibenden Eindruck, aber keine Brösel auf der Arbeitsfläche.

ÜBER DAS PROJEKT

Unser Schneidebrett ist ein durchdachtes multi-
funktionales Küchen-Meisterstück: Eine Seite ist
mit V-Nuten versehen, die vor allem zum Schneiden von Brot und Gebäck dient. Die Brösel
fallen beim Schneiden in die Rillen, die durch
eine einfache Kippbewegung abtransportiert
werden können. Auf der glatten Seite kann geschnitten und geklopft werden. Die seitlichen
Schrägen sorgen dafür, dass sich das Wendebrett
leicht greifen und umdrehen lässt. Sauberes
Anzeichnen und Präzison beim Fräsen, mehr
braucht es für das Brett nicht.

SCHWIERIGKEITSGRAD

MASSE FERTIGES OBJEKT

40 × 4 × 24 cm (B/H/T)

MATERIALIEN

▶ 1 Fichtenbrett 4 cm, 40 × 24 cm

WERKZEUGE

▶ Winkel oder Lineal
▶ Bleistift
▶ Oberfräse mit V-Nut-Fräser 120°
▶ Kappsäge
▶ 120er Schleifpapier

Hier kann man
alle Pläne und
die Materialliste
runterladen

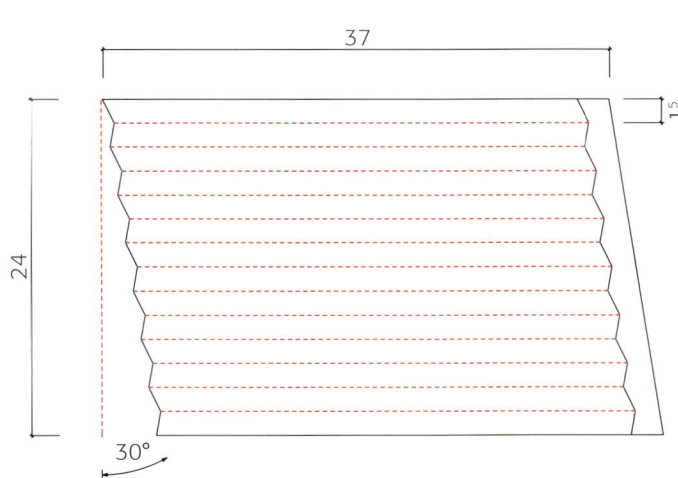

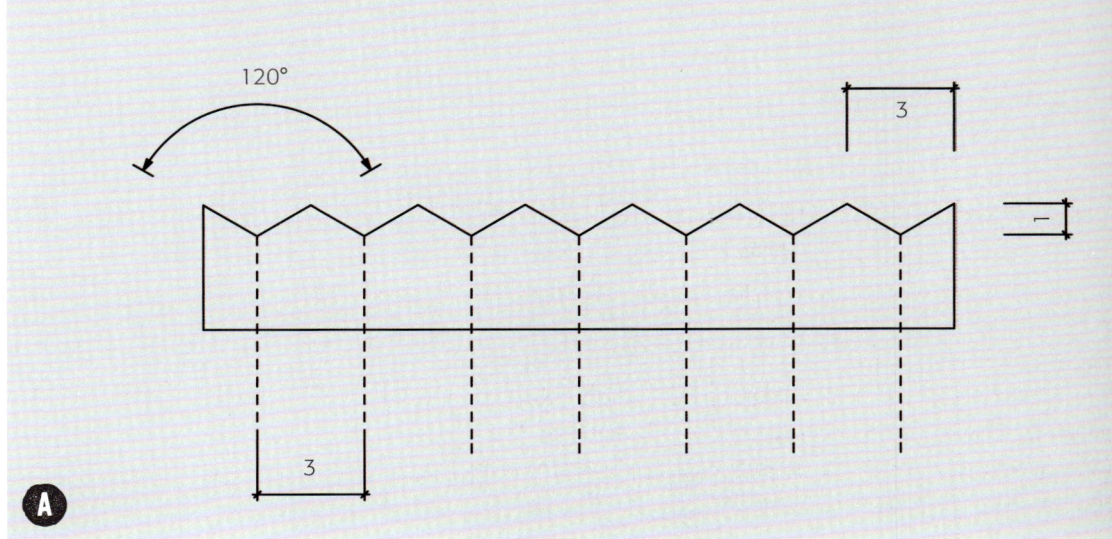

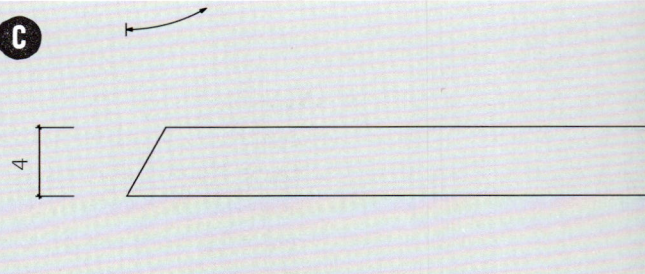

HOLZBRETTER VERSIEGELN UND PFLEGEN – WIE MANN'S MACHT

Die in jedem Holz von Natur aus enthaltenen Tannine desinfizieren das Brett automatisch. Es genügt, es nach dem Gebrauch gründlich mit heißem Wasser und Spülmittel zu reinigen.

Zur Pflege und Versiegelung kann das Brett regelmäßig mithilfe eines Tuchs oder Küchenpapiers mit einer Mischung aus Bienenwachs und Lein- oder Olivenöl eingerieben werden. Über Nacht einziehen lassen und überschüssige Öl-Wachs-Mischung gründlich abreiben.

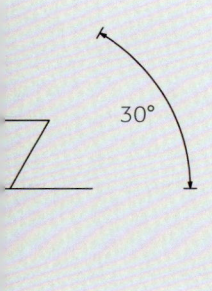

ANLEITUNG

1. Zum Fräsen der Nuten wird die Oberfräse mit Parallelanschlag und einem Nutfräser mit einem Winkel von 120° benutzt. Daraus ergibt sich eine Nutenbreite von 3 Zentimetern bei einer Tiefe von 1 Zentimeter **A**. Mit einem Winkel oder Lineal und dem Bleistift zeichnen wir in einem Abstand von jeweils 1,5 Zentimetern parallel zu einer 40-Zentimeter-Kante 13 Linien ein. (rot markiert Zeichnung S. 91). Diese dienen zur Orientierung für den Fräser.

2. Die Spitze des Fräsers wird mithilfe des Parallelanschlags auf die 1. Linie eingestellt. Dann wird die Fräse eingeschaltet und 1 Zentimeter tief in das Holz eingetaucht. Der Fräser sollte nun die Außenkante und die nächste Linie auf dem Brett berühren. Die Fräse kurz abschalten und die Eintauchtiefe an der Fräse fixieren. Jetzt kann die erste Nut über die Länge von 40 Zentimetern gefräst werden. Die restlichen Linien werden nach demselben Schema gefräst **B**.

3. Anschließend werden mit der Kappsäge an den kurzen Seiten die schrägen Fronten in einem Winkel von 30° **C** geschnitten, sodass ein Parallelogramm entsteht. Gleichzeitig wird die Brettfläche dabei an den kurzen Seiten in einem 15°-Winkel angeschrägt (Plan Seite 91), sodass auf in der Aufsicht ein Parallelogramm entsteht. Diese Form hilft uns beim Umdrehen und Kippen des Schneidebrettes **D**.

4. Zum Schluss werden mit Schleifpapier alle Kanten und Ecken gerundet.

DIE BAR
AUS EINER ALTEN SCHLAGZEUGTROMMEL

*Einen Hauch von Rock'n'Roll umgibt die Schlagzeug-Bar aus
einer echten Floor-Tom. Die Trommel wird mit einem einfachen Einlegeboden zur
außergewöhnlichen Bühne für die Lieblingsspirituosen.*

- -

ANLEITUNG

1. Nachdem wir das Fell und den Spannring abgeschraubt haben, messen wir den Innendurchmesser des Kessels. Diesen übertragen wir mit dem Zirkel auf die MDF-Platte und schneiden die runde Platte mit der Stichsäge aus. Die Kante glätten wir mit dem Bandschleifer oder Schleifpapier.

2. Die 3 Ständer der Trommel sind von innen mit metrischen Schrauben befestigt. Diese eignen sich bestens zur Auflage der Platte. Reicht das Maß der Schraubenköpfe nicht aus, um die Platte stabil zu tragen, so empfiehlt es sich, diese nach innen zu verlängern. In unserem Fall haben wir uns dazu Rundstäbe zurechtgeschnitten. Dann werden die metrischen Schrauben entfernt und durch die längeren ersetzt. Dabei werden die Rundhölzer als Abstandhalter mit eingeschraubt.

3. Die Platte einlegen und die Bar befüllen. Ist sie leer getrunken, kann die Trommel übrigens einfach wieder zusammengebaut werden und auf Tour gehen. Ein weiterer Vorteil sind die verstellbaren Füße der Trommel, so ist die Standhöhe bequem einstellbar.

SCHWIERIGKEITSGRAD

MASSE FERTIGES OBJEKT
ca. $50 \times 60 \times 50$ cm (B/H/T)

MATERIALIEN

▶ Schlagzeugtrommel Floor-Tom (Flohmarkt oder ebay)
▶ MDF-Platte schwarz, 18 mm, ca. 40×40 cm (für Boden 38 cm Ø oder je nach Ausführung der Trommel)
▶ optional 3 Rundhölzer 20 mm Ø, Länge 3 cm (Träger)
▶ 3 Schrauben 4×35 mm

WERKZEUGE

▶ Lineal
▶ Handwerkerzirkel
▶ Bleistift
▶ Stichsäge
▶ 120er Schleifpapier oder Bandschleifer

Hier kann man
die Materialliste
runterladen

DER FLASCHENÖFFNER

AUS STAHLBLECH

*Form follows function. Was aussieht wie ein kleines Kunstwerk,
ist ein praktischer Flaschenöffner. Nützlich und schön zugleich ist dieses ungewöhnliche
Stück aus einem kleinen Rest Stahlblech.*

- -

ANLEITUNG

1. Mit einem Grafikprogramm eine entsprechende Schablone gestalten oder den Plan runterladen und ausdrucken. Mit einer Anreißnadel oder einem Folienstift die Konturen anzeichnen.

2. Nun bohren wir eng viele 3-Millimeter-Löcher entlang der Linien. Dann das Stahlblech in einen Schraubstock oder eine Zwinge einspannen, zuerst die Ellipse, anschließend die äußere Kontur aussägen. Mit Feilen und Schleifpapier anschließend alle Kanten glätten und den Öffner nach Wunsch aufarbeiten (S. 85 bis 87).

3. Nun wird der Öffner auf 2 gegenüberliegenden Seiten (gestrichelte Linien) gebogen, indem er so in einen Schraubstock gespannt wird, dass nur etwa 10 Millimeter herausschauen. Dabei wird auf der Seite, zu der hin gebogen werden soll, ein Stück Hartholz geklemmt. Mit dem Hammer klopfen wir so die beiden 15°-Winkel.

4. Für Hochglanz mit der Polierscheibe einer Standbohrmaschine bei maximaler Drehzahl bearbeiten.

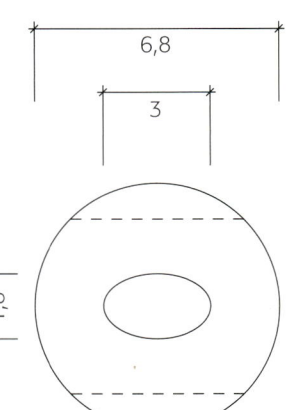

Hier kann man
alle Pläne und
die Materialliste
runterladen

SCHWIERIGKEITSGRAD

MASSE FERTIGES OBJEKT

Ø 6,8 cm

MATERIALIEN

▶ 1 × Stahlblech 2 mm,
ca. 7 × 7 cm

WERKZEUGE

▶ Papier
▶ Schere
▶ Tesafilm
▶ Anreißnadel oder Folienstift
▶ Standbohrmaschine (notfalls starker Akkuschrauber)
▶ Metallbohrer 3 mm
▶ Laubsäge und Metall-Laubsägeblätter
▶ feine und mittelfeine Metallfeilen
▶ 120er Schleifpapier und feiner
▶ Hammer
▶ Schraubzwinge
▶ Schraubstock
▶ große und kleine Hartholzklötze
▶ eventuell Polierscheiben und Paste von www.Polierbock.de, alternativ 220er Schleifpapier

UM-BAU-MEISTER!

DAS REGALSYSTEM
AUS SPERRHOLZ UND BÄCKERKISTEN

Stauraum-Lego für Große mit den Bäckerkistenmodulen heißt das Zauberwort für alle, die sich mehr und vor allem flexible Regale für die Küche (und jeden anderen Raum) wünschen. Die ideale Lösung für jede Wohnung, grenzenlos umbaubar, umzieh- und erweiterbar!

ÜBER DAS PROJEKT

Man kennt sie vom Dauertrend Kistengärtnern, aber die schlicht-schönen Plastikboxen, die man mittlerweile in jedem Baumarkt findet, können noch viel mehr, wenn man sie mit einfachen Sperrholzplatten in stabil kombinierbare Regalelemente verwandelt. Und das geht ganz einfach, ohne große Geräte oder Vorkenntnisse. Die Platten lassen wir uns im Baumarkt passend zuschneiden.

Man kann sich, je nach Wunsch, beliebig viele Einzel-, Zweier- oder Dreiermodule bauen.

SCHWIERIGKEITSGRAD

MASSE FERTIGES OBJEKT

63,6 × 71,8 × 35 cm (B/H/T)

MATERIALIEN (FÜR 3 EINZELMODULE)

▶ Sperrholzplatte unbeschichtet, 18 mm:
  - 6 à 70 × 35 cm (Seitenwangen)
  - 3 à 60 × 35 cm (Deckel)
▶ 3 Bäckerkisten 60 × 35 cm
▶ 45 Holzschrauben 4 × 30 mm

WERKZEUGE

▶ Bandschleifer oder 120er Schleifpapier
▶ Akkuschrauber
▶ Holzbohrer 3 mm
▶ Senker

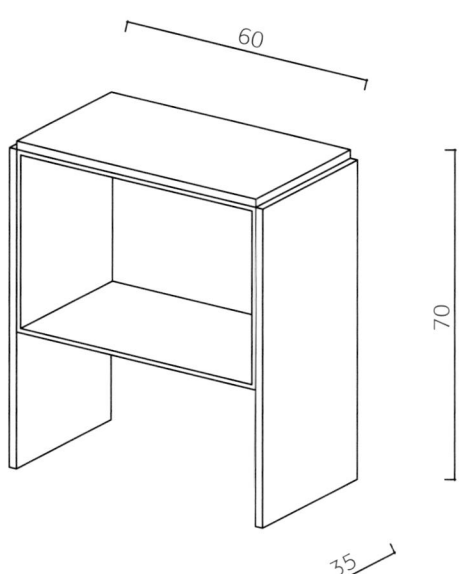

Hier kann man alle Pläne und die Materialliste runterladen

ANLEITUNG

1. Die Kanten der zugeschnittenen Platten mit Schleifpapier oder dem Bandschleifer glätten.

2. Zum Bau eines Moduls bohren wir zunächst Löcher zum Verschrauben der Platten in die Kisten. Dazu jeweils an den massiveren Stellen der Kisten an den 3 Seitenwänden 5 Löcher bohren. 2 im hinteren Teil der Kiste und 3 im vorderen Teil, sodass wir später 15 Löcher in jeder Kiste erhalten **A**.
Die Löcher werden alle circa 3 Millimeter angesenkt, damit die Schraubenköpfe später bei der Montage bündig in den Kisten verschwinden **B**.

3. Damit das System funktioniert, befestigen wir zuerst die Deckplatte, welche bündig mit den Seiten der Kiste abschließt **C**. Auf die Schraubenlänge achten, damit nicht durch die Platte gebohrt wird!

4. Danach werden die Seiten montiert, deren obere Enden mit der Unterkante der Deckplatte abschließen **D**. So entsteht ein Falz zwischen Deckel und Seite, der uns erlaubt, die Module sauber zu stapeln **E**. ☞

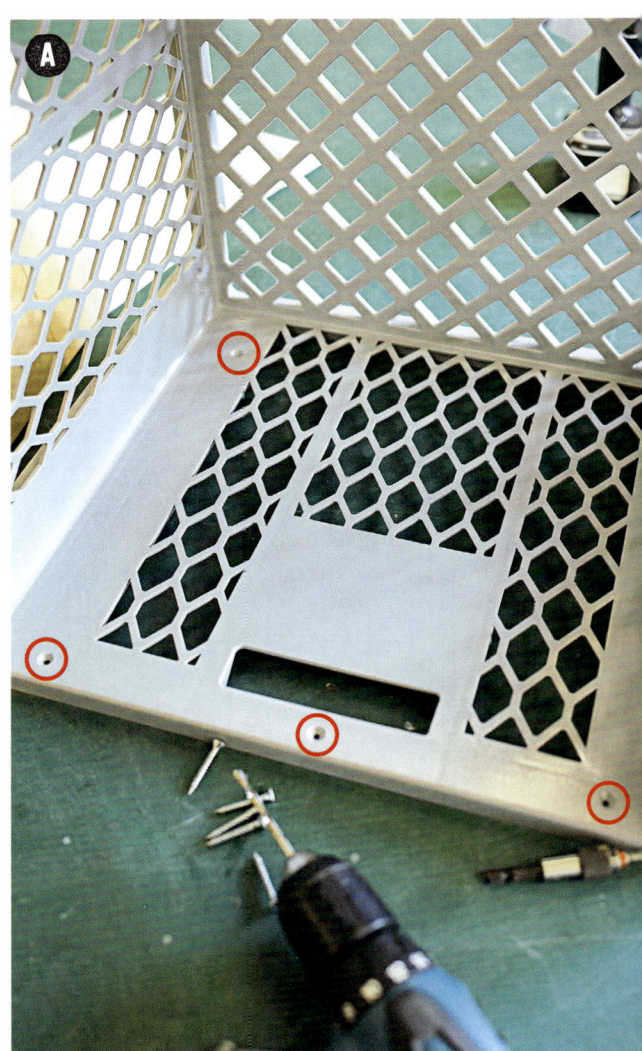

SCHRAUBENLÖCHER SENKEN – WIE MANN'S MACHT

Mit einem Senker wird in eine Bohrung durch Holz, Metall oder Kunststoff eine trichterförmige Vertiefung gesenkt, die anschließend Senkkopf-Schrauben bündig mit der Oberfläche abschließen lässt. Senker gibt es in unterschiedlichen Größen. Je härter das Material, desto langsamer sollte gebohrt werden.

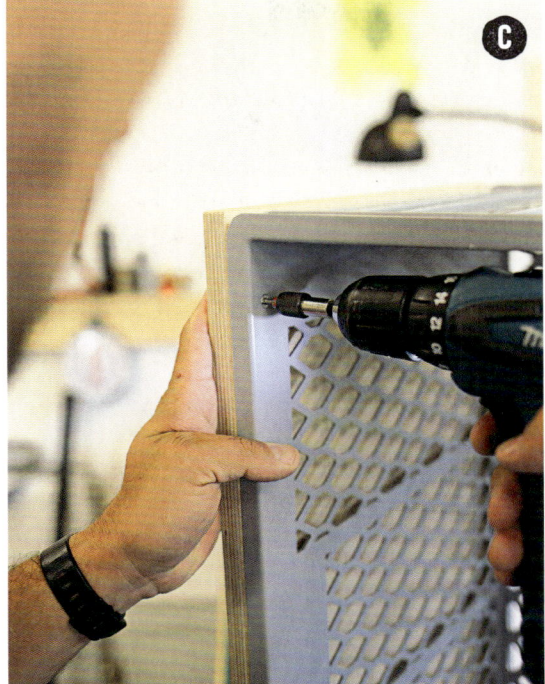

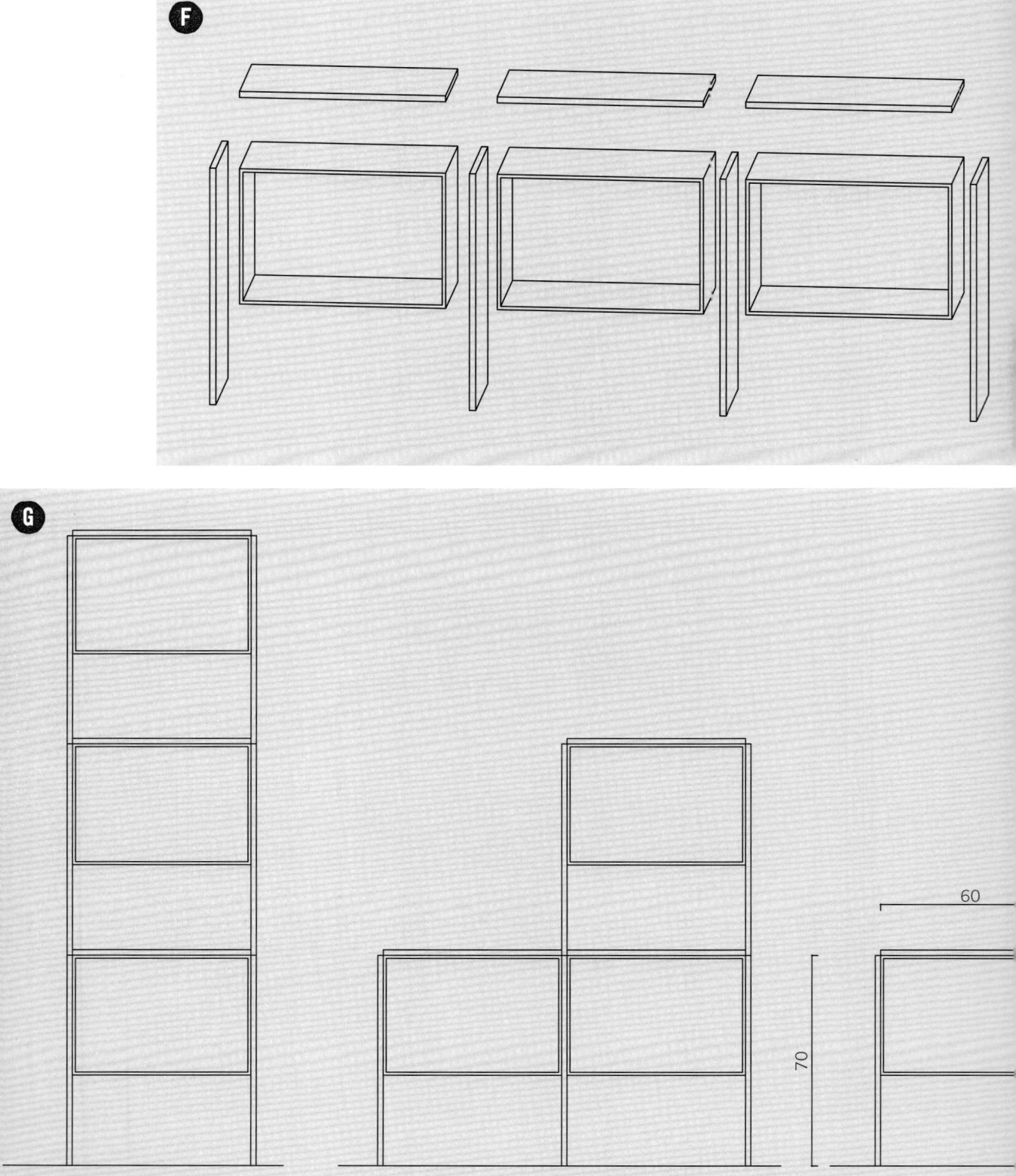

F

G

60

70

ANLEITUNG

Extratipp: Die Holzoberflächen können mit Möbelwachs (S. 65) oder einer Lasur (S. 111) veredelt oder vor dem Verschrauben farbig lackiert werden.

BAU VON ZWEIER- UND DREIER-MODULEN

Wenn man schon weiß, dass eine bestimmte Anzahl von Kisten dauerhaft nebeneinanderstehen soll, bietet es sich an, diese fest miteinander zu verschrauben. Das spart Material und macht das Regal außerdem noch stabiler. Für Einzelmodule rechnet man 2 Seitenwangen pro Kiste. Für Zweiermodule insgesamt 3, da sich 2 Kisten 1 Wange teilen, für Dreiermodule 4 und so weiter. **F** + **G** Die Kombinationsmöglichkeiten sind dann nahezu grenzenlos **G**. Eine feste Zweierkombination eignet sich besonders als Sideboard **H**, mit Seitenwangen etwas über Hüfthöhe wird eine zusätzliche Arbeitsfläche für die Küche daraus.

HOHE TÜRME

Grundsätzlich sollten maximal 3 Module übereinandergestapelt werden. Wenn man feste Türme herstellen möchte, können für 2 Kisten doppelt so lange, für 3 Kisten dreimal so lange Seitenwangen verwendet werden. Die Deckel ganz normal mit den Kisten verschrauben. Solitär stehende, hohe Aufbauten sichern wir am besten mit kleinen Winkeln an der Wand, um ein Umkippen zu vermeiden.

INTO THE WILD

ÜBERLEBENSWICHTIGE OUTDOOR-PROJEKTE ZUM GRILLEN, SITZEN, BELEUCHTEN UND BESCHATTEN

DER BIERTISCH
MIT SPERRHOLZ VERJÜNGT

Der Biertisch zählt in Bayern neben dem Internet und dem Telefon sicherlich zu den wichtigsten Kommunikationswerkzeugen. Und eine lieb gewonnene Garnitur mit Geschichte tauscht man nicht so einfach aus. Man saniert sie – und zwar ganz einfach!

ÜBER DAS PROJEKT

In unserem Fall haben wir der 30 Jahre alten Biertischgarnitur aus unserem Garten einen neuen »Bezug« verpasst. Die beiden Sitzflächen und die Tischplatte wurden durch Sperrholz ersetzt. Für die nötige Stabilität sorgen jeweils 2 Blenden unterhalb der Bänke sowie des Tisches, die auch das Stapeln erleichtern.

Die Platten kann man sich im Baumarkt zuschneiden lassen, sodass man das Projekt auch ohne schweres Gerät umsetzen kann. Was man aber braucht, ist ein wenig Platz draußen zum Arbeiten und lackieren.

Hier kann man alle Pläne und die Materialliste runterladen

SCHWIERIGKEITSGRAD

MASSE FERTIGES OBJEKT

Bank: $200 \times 46 \times 30$ cm (B/H/T)
Tisch: $200 \times 77 \times 52$ cm (B/H/T)

MATERIALIEN

▶ ca. 4 Dosen (800 ml) Acryl-Sprühfarbe
▶ Sperrholz unbeschichtet, 22 mm:
  - 6 à $4,5 \times 160$ cm (Blenden)
  - 2 à 30×200 cm (Sitzflächen)
  - 1 à 52×200 cm (Tischplatte)
▶ Holzleim und 24 20er Flachdübel
▶ Jansen Compact-Lasur (farblos, Nr. 0210)

WERKZEUGE

▶ Gabelschlüssel 10 mm oder Knarre
▶ Hammer und Akkuschrauber
▶ 120er und 180er Schleifpapier
▶ Kompressor oder Luftpistole (optional)
▶ Böcke
▶ Kappsäge
▶ Kantenfräse oder 120er Schleifpapier und Schleifblock
▶ Flachdübelfräse
▶ Zwingen
▶ Holzbohrer 6 mm
▶ Schaumgummi-Lasurrolle

A

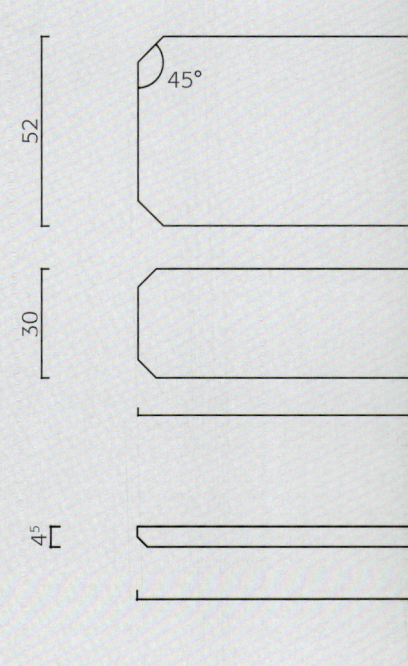

45°

52

30

4⁵

KANTEN ANFASEN – WIE MANN'S MACHT

Eine Fase ist nichts anderes als eine angefaste also abgeflachte Kante. Sieht besser aus und entschärft unbequeme Stoßkanten. Kleinere Kanten kann man auch mit Schleifpapier und Schleifblock anfasen. Bei so großen Kantenlängen wie diesem Projekt ist eine Kantenfräse aber schon eine bequeme Sacke. Besonders, wenn man die Fase stärker und damit auffälliger arbeiten möchte. Auch für abgesetzte, also unterbrochene Fasen ist das Gerät bestens geeignet. Werden Sie kreativ, arbeiten Sie beispielsweise die Fasen an den gekappten Ecken deutlicher als die langen Kanten.

B

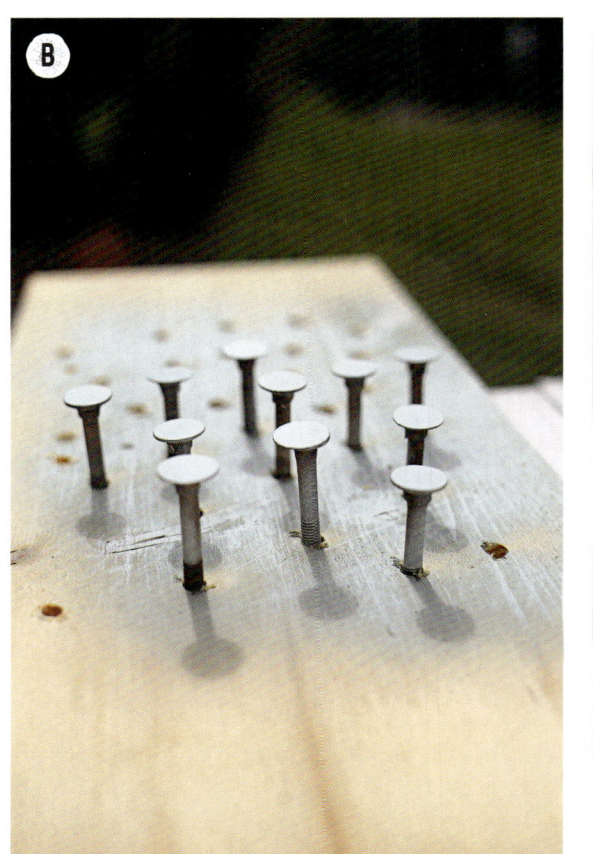

200

160

ANLEITUNG

1. Als Erstes entfernen wir mit Knarre, Hammer und Akku-schrauber alle Metallteile und sammeln die Kleinteile (Beilagscheiben, Muttern, Schrauben), um sie zu reini-gen und zu restaurieren. Die auf der Tisch- und den Sitz-platten zu sehenden Nägel sind Schloss-Schrauben mit Flachkopf, sie sind also oben glatt und haben am Schaft ein M6-Gewinde. Um sie zu lösen, wird als Erstes mit der Knarre die Mutter entfernt, dann wird die Schraube mit dem Hammer vorsichtig herausgeschlagen.

2. Danach geht es ans Schleifen: Wir entfernen mit dem Schleifpapier etwaige Roststellen und rauen den alten Lack entsprechend auf. Die neue Farbe hat dadurch besseren Halt. Mit dem Kompressor und einer Luftpisto-le befreien wir die Teile einfach von Staub und Schmutz, bevor es ans Lackieren geht.

3. Zum Lackieren hängen wir die Teile an die Böcke **A** und sorgen für genügend Abstand zu allen umliegen-den Gegenständen. Die kleinen Beschläge haben wir zum Lackieren auf einem Stück Holz fixiert **B**. In unserem Fall benötigten wir 4 Dosen Sprühfarbe. Die Farbe gleichmäßig und dünn aufsprühen. Keine Sorge, die Scharniere verkleben bei einer derart dünnen Lack-schicht nicht. Vollständig trocknen lassen.

4. Inzwischen werden die Tischplatte und die Sitzflächen vorbereitet: Unsere Garnitur erhielt eine markante Erscheinung, indem wir mit der Kappsäge die Ecken schräg absägten **C**.

5. Die unteren Ecken der Blenden werden mit der Kapp-säge um 45° gekappt **C**.

6. Anschließend werden alle Kanten der Tischplatte sowie der Sitzflächen mithilfe der Kantenfräse **D** oder mit Schleifpapier und Schleifblock mit einer Fase versehen. Die Blenden werden ebenso bearbeitet, ausgenommen die oberen Längskanten mit den ungekappten Ecken. Diese werden später unten an die Tischplatte und die Sitzflächen geleimt: Ungebrochene Kanten ergeben eine saubere Verbindung. ☞

HIER GEHT'S WEITER

4. Vor dem Verleimen werden die Blenden mit der Flachdübelfräse mit jeweils 4 Nuten versehen. In die Unterseiten von Tisch- und Sitzplatten werden an den passenden Stellen **E** ebenfalls Nuten gefräst. Vor dem Verleimen trocken auf Passgenauigkeit testen. Zum Verleimen **F** setzen wir starke Zwingen ein, um genügend Druck auf die Bauteile zu geben, schließlich sollen die Bänke die nächsten 30 Jahre gut überstehen.

5. Zur Montage der Metallteile legen wir diese zunächst auf die Unterseite der Bänke und den Tisch, richten sie aus und zeichnen die zu bohrenden Löcher an. Hierbei ist besonders auf die Position der Schlosses zu achten, das später die Diagonalstreben hält **G**. Am besten den Abstand schon am alten Tisch und den Bänken abmessen. Die Klappbügel für die Bänke und den Tisch werden nun mit den gesammelten Schrauben montiert. Dazu markieren wir uns zuerst die Löcher. Indem wir die Beschläge an ihre Position halten und mit dem Bleistift die Löcher nachzeichnen, sparen wir uns das Nachmessen. Mit dem Akkuschrauber die Löcher bohren und anschließend die Beschläge mit den Schrauben montieren. Die Schlossschrauben versenken sich dabei von selbst im Holz: Sobald wir die rückseitigen Muttern anziehen, drücken sie sich bündig in die Oberfläche.

6. Als Letztes werden die Holzteile mit einer schützenden Lasur behandelt (Tipp) **G**. Wichtig bei der Auswahl: Die Lasur für unseren Outdoor-Esstisch sollte hochwertig und witterungsfest sein, aber auch den Kontakt mit Fett und Öl vertragen, ohne klebrig zu werden. Außerdem sollten alle Inhaltsstoffe unbedenklich sein. Wir haben eine biozidfreie Holzlasur von Jansen gewählt. Kein Farbspielraum, aber dafür kann man sogar direkt von der Tischplatte essen.

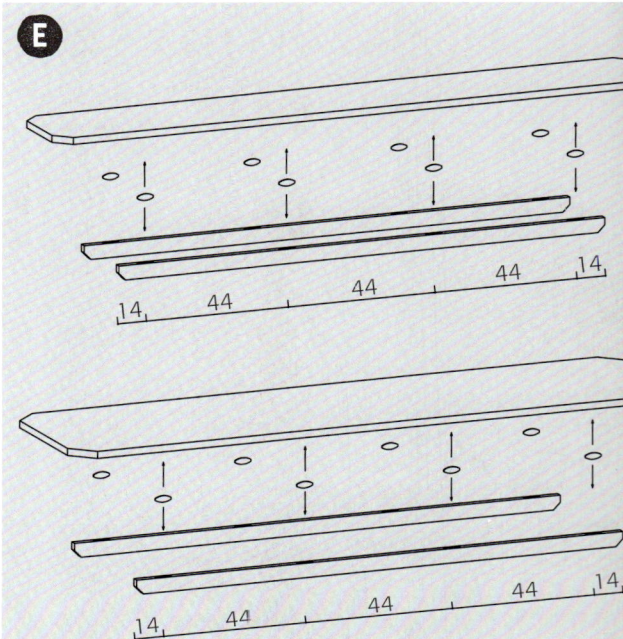

G

H

I

LASIEREN –
WIE MANN'S MACHT

Lasuren sind vielseitig einsetzbar. Sie schützen das Holz vor UV-Strahlung und versiegeln die Oberflächen gegen Schmutz und Feuchtigkeit. Je nach Wunsch gibt es von farblos bis extrem dunkel diverse Pigmentierungen, die verschiedene Holzarten imitieren. Außerdem sind Lasuren auch in vielen bunten Farben erhältlich, falls die Gattin etwa pinke Flächen bevorzugen sollte. Mit der Rolle oder dem Pinsel ist eine Lasur am leichtesten zu verarbeiten. Behandelt man das Holz öfter, ist auch der Schutz höher. Achtung: Auch bei farblosen Lasuren dunkelt das Holz in den meisten Fällen nach, deshalb erst an verborgener Stelle testen.

DER GRILL
AUS EINER MODIFIZIERTEN FEUERSCHALE

Feuerschalen sind sehr schöne und beliebte Accessoires für den Garten. Der Grill ist »überlebenswichtige« Grundausstattung. Mit unserem multifunktionalen Feuerschalengrill muss man sich nicht mehr zwischen Pflicht und Kür entscheiden.

ÜBER DAS PROJEKT

Schön ist es, eine Feuerschale auch gleich als Grill zu benutzen. Dazu braucht es nur wenige Modifikationen und schon kann die Standard-Feuerschale auch als Grillstation umfunktioniert werden.

Ein einfaches Stecksystem ermöglicht das Grillen in angenehmer Arbeitshöhe. Nimmt man die Schale später vom Ständer, kann sie im Garten überall als Feuerschale dienen. Wir besorgen uns dazu die nötigen Materialien im Baumarkt oder im Eisenfachhandel.

Hier kann man alle Pläne und die Materialliste runterladen

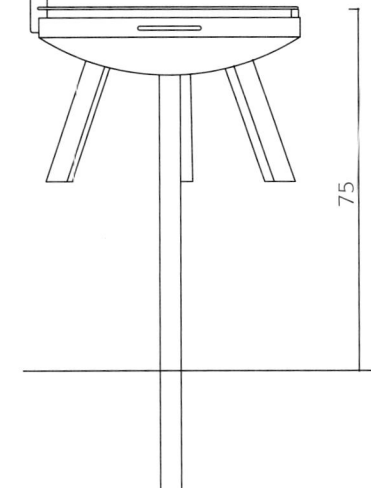

SCHWIERIGKEITSGRAD

MASSE FERTIGES OBJEKT

60 × 85 × 60 cm (B/H/T)

MATERIALIEN

▶ 4 Flacheisen 3,5 × 8 cm (Halter und Stütze)
▶ 1 Feuerschale 55 cm Ø
▶ 1 Grillrost rund 55 cm Ø
▶ 1 Eisenrohr 5 cm Ø, Wandung 3 mm, Länge 1,5 m
▶ 1 Eisenrohr 4 cm Ø, Wandung 3 mm, Länge 10 cm

WERKZEUGE

▶ Anreißnadel oder Folienstift
▶ Körner
▶ Hammer
▶ Schraubstock und große Schraubzwinge
▶ Trennschleifer (Flex) mit Trennscheibe und Schleifscheibe
▶ Schweißgerät MIG/MAG oder Elektrode
▶ grobe Metallfeile
▶ Standbohrmaschine
▶ Metallbohrer 6 mm

ANLEITUNG

1. Zunächst fertigen wir die Grillrost-Halter **A**: Dafür zeichnen wir auf 3 der Flacheisenstücke die Außenkontur mit einer Anreißnadel oder einem Folienstift auf. Für den Schlitz körnen (Tipp) wir den Mittelpunkt für ein Loch an der passender Stelle **A**, klopfen also mit dem Körner und dem Hammer eine kleine Delle ein. Dann bohren wir mit dem 6-Millimeter-Bohrer der Standbohrmaschine ein Loch und zeichnen von diesem ausgehend die Linien für den Schlitz an.

2. Das jeweilige Werkstück mit einer kräftigen Zwinge an einem geeigneten Arbeitstisch fixieren. Mit der Trennscheibe der Flex schneiden wir die Halter aus.

3. Die grob zugeschnittenen Halter werden nun in einen Schraubstock geklemmt: Mit der groben Feile werden sie nachbearbeitet. Mit der Schleifscheibe der Flex werden dann noch die Ecken gerundet **B**.

4. Die beiden Rohre ergeben den Standfuß. Das kürzere und schmälere Rohr wird später an der Schalenunterseite festgeschweißt und kann dann zum komfortablen Grillen auf den Standfuß gesteckt werden **C**.
Beide Rohre schneiden wir zunächst mit der Trennscheibe der Flex auf die passende Länge. Da der Standfuß in die Erde gerammt werden soll, wird er unten schräg angespitzt **D**. Anschließend werden die Schnittkanten mit der Schleifscheibe entgratet **E**. ☞

KÖRNEN – WIE MANN'S MACHT

Ein Körner ist ein spitzer Metallstift, der an gewünschter Position eine kleine Kerbe hinterlässt. Man setzt dazu den Körner auf das Material und schlägt mit dem Hammer darauf. Die Vertiefung hilft beispielsweise beim Ansetzen eines Metallbohrers. Da die Oberfläche meistens sehr glatt ist, verhindert das Körnen das Verrutschen des Bohrers.

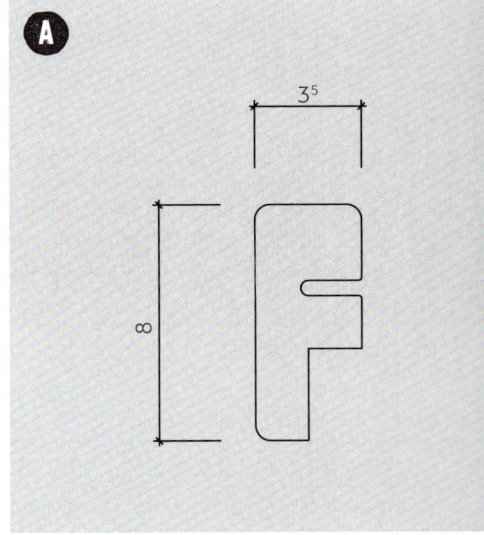

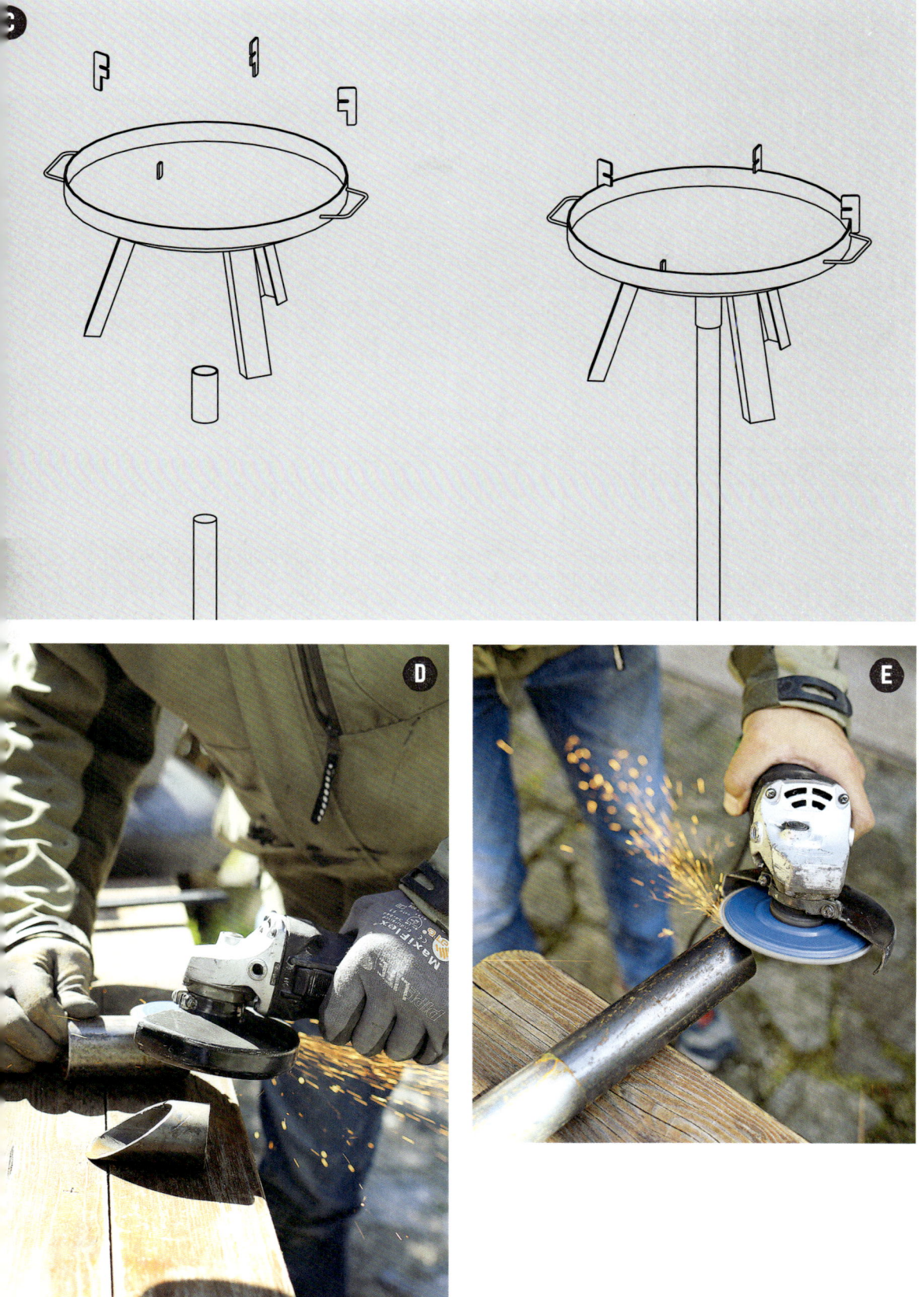

TRENNSCHLEIFER –
WIE MANN'S MACHT

Trennschleifer sind universell einsetzbar. Mit dünnen Trennscheiben lassen sich selbst dicke Materialen sehr sauber schneiden. Je nach Körnung helfen Schleifscheiben bei der Bearbeitung von Oberflächen, Kanten und Schweißnähten. Spezielle Rundbürsten-Aufsätze aus Draht entfernen mühelos tiefe Roststellen oder Verunreinigungen. Grundsätzlich gilt bei der Arbeit mit dem Trennschleifer: Schutzbrille, Gehörschutz und entsprechende Kleidung gegen Funkenflug.

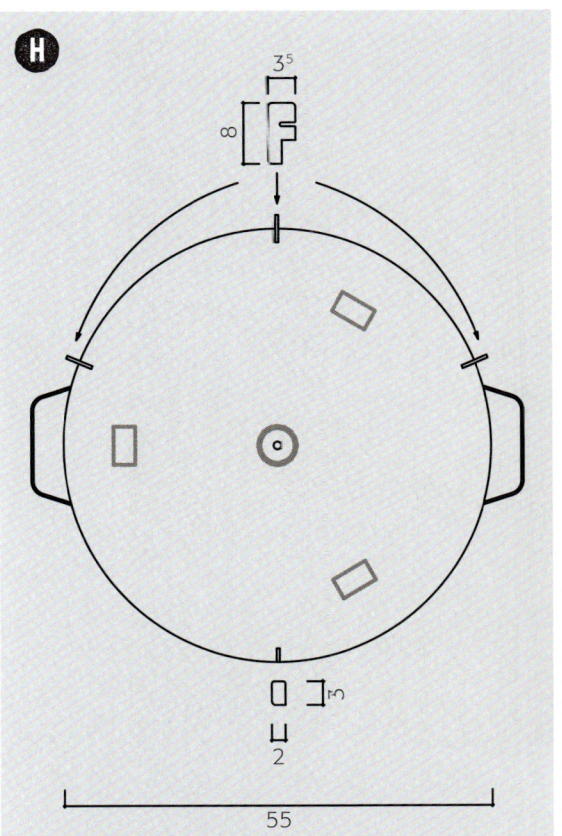

HIER GEHT'S WEITER

5. Mit der Feile bearbeiten wir beide Rohre
F, bis das schmälere Rohr ohne Mühe in
das Standrohr passt. Dann wird das kurze
Rohr mit einer Raupe am Boden der Feuerschale verschweißt **G**.

6. Zum Verschweißen der Grillrost-Halter **H**
befestigen wir diese zunächst mit einer
Zwinge an Ort und Stelle **I**. Dann fixieren
wir sie jeweils mit 1 bis 2 Schweißpunkten
an der Schale **J**. So können sie noch mit
dem Hammer ausgerichtet werden, sodass
der Rost perfekt hineinpasst. Zur Stütze
des Rostes an der Schalenvorderkante wird
zusätzlich ein kleines Stück Flacheisen an-
geschweißt **H**. Ist alles genau ausgerichtet,
kann jedes Bauteil ringsum mit einer stabi-
len Raupe verschweißt werden.

7. Zum Schluss kommt der Standfuß in die
Erde, je nach Körpergröße empfiehlt sich
eine Höhe von 75 bis 85 Zentimetern (inkl.
Grill). Jetzt noch den Grill aufstecken,
Feuer anzünden und ein Bier aufmachen.

Tipp: An den Griffen der Schale findet sich bestens Platz zum Aufhängen der Grillutensilien.

DAS SONNENSEGEL
AUS SEGELTUCH

Für den Sonnenschutz der besonderen Art kommt ein ausgemustertes Segel zum Einsatz. Nach dem Sonnenbad ist damit für ein schattiges Plätzchen auf jeden Fall gesorgt. Kommt dann auch noch eine sanfte Brise, fühlt man sich fast wie auf einer Jacht im eigenen Garten.

ÜBER DAS PROJEKT

In einer Bootswerft oder im Internet gibt es alle möglichen Arten alter Segel zu erwerben. Wichtig dabei ist, dass sie keine Risse oder ähnliche Beschädigungen aufweisen. Da das Segel in unserem Garten natürlich auch eine dekorative Rolle übernimmt, wäre es schade, wenn es Flecken hätte oder gar vergilbt wäre.

In unserem Fall haben wir ein kleineres Vorsegel erstanden, das eine schöne Dreieckige Form besitzt.

SCHWIERIGKEITSGRAD

MASSE FERTIGES OBJEKT

500 × 300 cm

MATERIALIEN

▶ 1 × ausgemustertes Segel (gibt es im Internet oder in der Bootswerft)
▶ je nach Situation Nylonseil 4 mm oder stärker, Länge mindestens 5 m
▶ 3 Karabinerhaken

WERKZEUGE

▶ Schere oder Cuttermesser

»SO EINFACH GEHT COOL ABHÄNGEN.«

Hier kann man die Materialliste runterladen

ANLEITUNG

Je nach Situation kann der neue Schattenspender also an drei verschiedenen Seiten angeschlagen werden oder frei hängen.

1. Dazu fädeln wir uns zunächst ein Seil in die enstprechenden Ösen des Segels und verknoten dieses zu einer Schlaufe **A**. Je nach Art und Weise des Einsatzortes variiert die Länge natürlich.

2. Haben wir unsere Schlaufen in den Ecken des Segels verknotet, suchen wir uns die passenden Montagepunkte an Gebäuden, Bäumen oder dem Balkon, um dort die entsprechenden Schlaufen zur Verankerung zu knoten **B**. Da diese Schlaufen zur einfachen Installation unseres Segels am besten ganzjährig an Ort und Stelle bleiben sollen, ist es zu empfehlen, diese möglichst kurz zu halten: Ist das Segel einmal nicht eingehängt, fallen diese Anschlagpunkte nicht weiter auf.

3. Nun kommen die Karabinerhaken zum Einsatz **B**. Eine schnelle und unkomplizierte Installation unseres Segels ist damit garantiert: Wir haken sie einfach zwischen die Schlaufen ein. Sollte sich ein Sommersturm ankündigen, ist das Segel schnell und einfach eingeholt.

Achtung: Zur Lagerung unseres Sonnenschutzes ist es wichtig, dass das Segel trocken ist und gut gefaltet gelagert wird. Dies vermeidet Stockflecken und schont das Material. So kann der Sommer kommen!

DAS GARTENLICHT
AUS METALL

Gartenlichter sind ein schönes Accessoire für draußen.
Dieses Gartenlicht wird im Winter zum Futterspender für Vögel.

ANLEITUNG

1. Die Umrisse für die Halterung in Originalgröße ausdrucken, auf das Blech übertragen und dabei den Kreis an das verwendete Glas anpassen. Mit dem Körner (S. 115) markieren wir das Loch für die Stange. Das Werkstück fixieren und mit der Flex ausschneiden und schleifen wie auf Seite 114 beschrieben.

2. Mit der Standbohrmaschine das 10-Millimeter-Loch bohren. Dann mit dem 3-Millimeter-Bohrer möglichst eng Löcher entlang der Innenseite des Glasloches bohren. Mit der Laubsäge sägen wir die Stege zwischen den Bohrungen aus. Mit der Rundfeile sauber ausfeilen.

3. Mit der Trennscheibe der Flex ein 5 Zentimeter langes Stück von der Metallstange abschneiden. Das kurze Stück mit 3 bis 4 Schweißpunkten quer auf die lange Stange schweißen. Anschließend die Halteplatte auf die Stange schieben und etwa 3 Zentimeter unter der Querstange mit 3 Schweißpunkten fixieren.

Tipp: Wer mag, kann die Fackel lackieren.

SCHWIERIGKEITSGRAD

⚒ ⚒ ⚒ ⚒ ⚒

MASSE FERTIGES OBJEKT

8 × 150 × 15 cm (B/H/T)

MATERIALIEN

▸ Stahl-Rundstab 10 mm Ø, Länge 1,5 m
▸ 1 × Standard-Trinkglas
▸ 1 × Stahlblech 1,5 mm, 10 × 20 cm

WERKZEUGE

▸ Papier
▸ Schere
▸ Edding oder Reißnadel
▸ Körner
▸ Hammer
▸ Schraubstock und/oder Zwingen
▸ Standbohrmaschine mit Metallbohrer 10 mm und 3 mm
▸ Laubsäge mit Metallsägeblatt
▸ Metallrundfeile
▸ Trennschleifer (Flex) mit Trennscheibe und Schleifscheibe
▸ Mig/Mag-Schweißgerät

Hier kann man
alle Pläne und
die Materialliste
runterladen

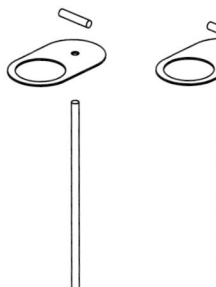

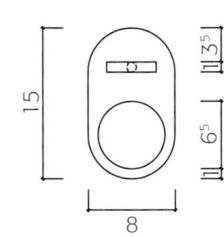

15

13⁵

6⁵

8

ALLE PROJEKTE AUF EINEN BLICK

TECHNIK-REGISTER

FOLGENDE MAKERSPACES KÖNNEN WIR EUCH EMPFEHLEN

Haus der Eigenarbeit
Wörthstraße 42/Rgb.
81667 München
www.hei-muenchen.de

MachWerk
Schulstr. 1
80634 München
www.machwerk-muenchen.de

WERKBOX3
Grafinger Str. 6
81671 München
www.werkbox3.de

Künstlerhaus im KunstKultur-Quartier
Königstraße 93
90402 Nürnberg
www.kunstkulturquartier.de

Alte Gießerei Berlin e.V.
Herzbergstr. 123
10365 Berlin
www.gies.se

betahaus
Prinzessinnenstraße 19–20
10969 Berlin
www.betahaus.com

bauer + planer
Fährstieg 6
21107 Hamburg
www.bauer-planer.de

Dingfabrik Köln e.V.
Erzbergerplatz 9
50733 Köln
www.dingfabrik.de

HOBBYHIMMEL
Siemensstraße 140
70469 Stuttgart-Feuerbach
www.hobbyhimmel.de

Holzkombinat
Zöllnerstraße 18
09111 Chemnitz
www.holzkombinat.com

MAKERSPACE LEIPZIG
Bitterfelder Str. 5
04129 Leipzig
www.makerspace-leipzig.de

Werkstatt für Eigenarbeit e.V.
Aixer Str. 72
72072 Tübingen
www.werkstadthaus.de

Eigenbaukombinat Halle e.V.
Julius-Ebeling-Straße 9
06112 Halle
www.eigenbaukombinat.de

maker Austria
Schönbrunner Straße 125
A-1050 Wien
www.makeraustria.at

Ein Hinterstübchen – Werkraum
Höttingergasse 32
A-6020 Innsbruck
www.werkstattcouch.at

Web-Tipp:
Im Internet gibt es tolle Portale, die euch über weitere interessante Selbermach- und Repaircafés informieren:
www.repaircafe.org/de
www.offene-werkstaetten.org

DANKSAGUNG

An dieser Stelle möchten wir uns ganz herzlich bei all denjenigen bedanken, die dieses Buch möglich gemacht haben. Der Dank gilt den »Baumeistern« des *Bau!Meister,* und dazu gehören unsere großartige Lektorin Sonja Forster, der immer kreative Julius Faubel, Anton und die Berufsschule Dachau, Toom, Bosch, Festool und Edding, natürlich unsere ganze Familie, sowie der wunderbare BLV!

HERSTELLER UND SPONSOREN

toom Baumarkt GmbH
Humboldtstr. 140–144,
51149 Köln
Tel.: 0800/7733422
www.toom-baumarkt.de
(Holz, Werkzeuge,
Schrauben, ...)

edding Vertrieb GmbH
Auf Bösselhagen 9,
31515 Wunstorf
Tel.: 05031/1500
www.edding.de
(Farben, Acrylspray,
Lackstifte, ...)

Robert Bosch Power Tools GmbH
Max-Lang-Strasse 40–46
70771 Leinfelden-Echterdingen
www.bosch-pt.com
(Weltweit führender Anbieter von
Elektrowerkzeugen, Elektrowerk-
zeug-Zubehör und Messtechnik.)

DIE AUTOREN

**Hier erfahrt ihr mehr über
die Autoren:**
www.einstueckvomglueck.com
www.julia-romeiss.de
www.gregorfaubel.de

Julia Romeiß ist Kommunika-
tions-Designerin und lebt in München. Nach ihrem Studium an der
Fachhochschule Mannheim war sie
fünf Jahre für eine renommierte
Münchner Markenagentur im
Bereich Corporate Design, Ausstel-
lungs- und Messegestaltung tätig.
Seit 2009 arbeitet Julia als freiberuf-
liche Designerin für Unternehmen,
Agenturen und Privatkunden. Auf
ihrem Blog *Ein Stück vom Glück*
(www.einstueckvomglueck.com)
schreibt sie mit Begeisterung über
schöne Dinge zum Thema DIY,
Wohnen und Reisen. Im BLV-
Verlag sind außerdem ihre Bücher
Upcycling (2014) und *Hochzeit
mit Liebe selbstgemacht* (2015)
erschienen. Für den *Bau!Meister*
hat Julia die Fotos gemacht.

Gregor Faubel studierte in Rosen-
heim (Deutschland) Innenarchitek-
tur, bevor er 2010 sein Büro *Studio
Faubel* für Design gründete. Neben
Möbel und Accessoires für Industrie-
hersteller gestaltet der Münchner
Innenräume, Messestände und
Lichtkonzepte für Architekturbüros
und Agenturen. Das Design orien-
tiert sich sehr an puristischen und
funktionalen Formen, dabei konzentriert sich die Arbeit an den
Konzepten auf die Entwicklung,
Ökonomie und Alltagstauglichkeit.
Seit 2012 arbeitet Gregor Faubel mit
Julia Romeiß zusammen. Die Freude
am Gestalten verbindet die beiden
sehr, denn nicht nur beruflich, auch
privat sind sie ein eingespieltes
Team. Seit 2015 haben sie einen kleinen Sohn. 2016 haben sie ihr erstes
gemeinsames Buch *Kreatives Kinder-
zimmer* bei BLV herausgebracht.

Impressum

Bibliografische Information der Deutschen Nationalbibliothek
Die Deutsche Nationalbibliothek verzeichnet diese Publikation in der Deutschen Nationalbibliografie; detaillierte bibliografische Daten sind im Internet über http://dnb.d-nb.de abrufbar.

BLV Buchverlag
GmbH & Co. KG

80636 München

© 2017 BLV Buchverlag GmbH & Co. KG, München

www.facebook.com/blvVerlag

Bildnachweis: Julia Romeiß, außer S. 12: Bosch
Fonds: Alle Fonds Julia Romeiß, außer Metallfond: istock-lior2
Werkzeugillustrationen: Julia Romeiß
Baupläne: Gregor Faubel

Umschlagkonzeption und Gestaltung: Irina Pascenko
Umschlagfotos: Julia Romeiß

Lektorat: Sonja Forster
Fachlektorat Holzprojekte: Carmen Achter
Herstellung: Ruth Bost
Layoutkonzept Innenteil und DTP: Irina Pascenko

Gedruckt auf chlorfrei gebleichtem Papier

Printed in Germany
ISBN 978-3-8354-1649-9

Hinweis
Das vorliegende Buch wurde sorgfältig erarbeitet. Dennoch erfolgen alle Angaben ohne Gewähr. Weder Autoren noch Verlag können für eventuelle Nachteile oder Schäden, die aus den im Buch vorgestellten Informationen resultieren, eine Haftung übernehmen.